저작권의 진화

동굴벽화에서 알고리즘까지
저작권의 진화

초판 1쇄 펴낸날 | 2026년 1월 5일

지은이 | 김기태
펴낸이 | 고성환
펴낸곳 | (사)한국방송통신대학교출판문화원
　　　　(03088) 서울시 종로구 이화장길 54
　　　　전화 1644-1232
　　　　팩스 (02) 741-4570
　　　　홈페이지 https://press.knou.ac.kr
　　　　출판등록 1982년 6월 7일 제1-491호

출판위원장 | 박지호
책임편집 | 장빛나
편집디자인 | (주)성지이디피
표지디자인 | 김민정

ISBN　978-89-20-05497-6　　03300
ⓒ 김기태, 2026

값 19,000원

동굴벽화에서 알고리즘까지

저작권의
진화

김기태 지음

지식의날개

책상은 책상이듯이
저작권은 저작권입니다

더 이상 아이를 부양할 의무도, 반드시 무엇인가를 해야 할 필요도 없는 나이 많은 남자가 있다. 하루하루를 무료하게만 보내던 이 외로운 남자는 어느 날 결심한다. 침대를 사진으로, 책상을 양탄자로, 의자를 시계로, 시계는 사진첩으로 부르기로. 이렇게 주위의 모든 사물을 다른 이름으로 바꿔 부르기로 한 이 남자는 한동안 들뜬 마음으로 새로운 사물들의 이름을 외운다. 시간이 흐르면서 이 남자는 사람들이 쓰는 말을 잊어버리고 결국 주위와 의사소통이 불가능해진다. ……

문득 페터 빅셀 Peter Bichsel 이 지은 이야기 『책상은 책상이다』를 생각했습니다. "주위의 모든 사물을 다른 이름으로 바꿔 부르기로 한 어떤 외로운 남자가 자신이 마음대로 정한 언어의 체계 때문에 주위와 의사소통이 불가능해져 결국 세상에서 완전히 고립되고 만다는 서글픈 이야기"를 떠올리며 '책상'이란 단어의 자리에 '저작권'이란 단어를 대입시켜 보았습니다. 어쩌면 그렇게도 딱 들어맞는지…….

전공 특성상 요사이 저는 '저작권'에 대해, 아니 이미 발생한 '저작권 문제'에 대해 물어오는 사람들을 자주 만납니다. 대개의 경우 어떻게 하면 저작권 침해 혐의 내지 아리송한 판단으로부터 벗어날 수 있는지 묻는 것이라고 해야 옳을 듯싶네요. 그때마다 저는 거두절미하고 이렇게 말해주곤 합니다. "저작권 침해 여부는, 남의 저작물을 베꼈는지의 여부는 당사자가 제일 잘 압니다"라고. 그리고 부연할 수 있다면 그동안 저작권 제도가 어떤 모습으로 변해왔는지 설명하면서 "중요한 건 저작권 그 자체가 아니라 그 속에 담긴 내용의 창작성"임을 강조합니다. 그럼에도 우리 문화예술계를 둘러싼 기류를 들여다보면 '권리 만들기' 혹은 '권리 키우기'에만 매달리고 있다는 느낌을 떨칠 수 없습니다.

그렇다 보니 점점 아날로그 시절에 대한 그리움도 함께 깊어갑니다. 원본에 대한 아우라aura; 예술작품에서 흉내낼 수 없는 고고한 분위기가 이른바 '짝퉁'의 틈바구니에서 실종된 지 오래다 보니 디지털 세상이 빚어내는 아바타들의 화려한 춤사위보다는 울퉁불퉁할망정 정감 넘치는 할머니 살결이 그리워지곤 합니다. 클릭 한 번이면 득달같이 전 세계로 퍼져가는 인터넷 메일보다는 우체부의 손때 묻은 편지가 더 매혹적인 송신 수단이라는 생각은 이제 기성세대의 전유물로 전락하고 만 것일까요?

요사이 우리 사회를 지배하고 있는 디지털 세상에 대한 환상을 가끔은 거부해 보면 어떨까요. 컴퓨터 자판을 밀어놓고 손글씨로 글을 쓰거나 평소 읽고 싶었던 책을 펼친 다음 필사筆寫의 매력에 빠져보는 건 또 어떨까요. 그리하여 창작의 수고로움을 체험해 보는 것도 유익하리라는 생각이 듭니다.

저는 지난 30여 년 동안 우리 지성사와 예술사의 근대와 현대
를 이어주었던 초판본과 창간호 수만 종을 모아 최근에 '처음책
방'이란 공간을 열었습니다. 열악한 저작권 환경 아래서도 창작
열을 불태웠던 수많은 저작자들이 세워주신 저작물의 금자탑 아
래서 행복한 시간을 보내고 있는 중이지요. 아날로그 시대의 절
정기를 이끌었던 책들의 장엄한 행렬을 보며, 군이 저작권 보호
의 가치를 웅변하지 않아도 느낄 수 있는 창작의 소중함이 고스란
합니다.

거듭 생각건대, 책상은 책상이듯이 저작권은 저작권입니다. 이
제 함께 때로는 끝없이 펼쳐진 들판 같다가도 때로는 좁고 깊은
협곡 같은 저작권의 세계로 들어가 보시지요. 고맙습니다.

김기태

장면과 배후로 보는
매체의 변화와 저작권

원시 동굴벽화의 의미

그림이 참 예쁩니다. 어떻게 보면 예술성도 매우 뛰어난 미술작품이 아닐까 싶기도 합니다.

아래에 있는 그림은 이른바 '라스코 동굴벽화'라고 불리는 겁니다. 라스코 동굴 Lascaux Caves 은 프랑스 남서쪽 지방에 있습니다. 이것은 1940년 마을 소년들에 의해 우연히 발견된 뒤, 1979년에 유네스코의 세계유산으로 등재되었습니다. 이 동굴 안에서 발견된 그림은 기원전 1만 7000~1만 5000년경 그려진 것으로 추정됩니다. 이것과 유사한 유물로는 스페인의 '알타미라 동굴벽화'가 있는데요, '알타미라 Altamira'는 문자 그대로 옮기면 "높은 곳에서 바라보는 전망"이라는 뜻이라고 합니다. 후기 구석기시대의 유적으로서 야생 동물의 뼈와 사

라스코 동굴벽화

출처: 위키백과

유타주 모압에 있는 암각화

람들의 손으로 그린 암벽화가 그대로 보존되고 있습니다.

　위의 그림은 미국 유타주 모압Moab 지역 암벽에 새겨져 있는 그림, 즉 '암각화岩刻畵, petroglyph'입니다. 우리나라에도 울산광역시 울주군 대곡리 반구대 암각화, 고령 장기리 암각화 등이 있지요.

　그런데 한편으론 참 이상합니다. 위의 그림들이 그려진 시기 때문입니다. 인류가 처음으로 나타난 시기부터 약 1만 년 전까지의 시기를 가리켜 '구석기시대'라고 합니다. 위 그림들은 바로 이 시기에 그려진 것으로 추정됩니다. 이 시기는 돌을 깨뜨려 만든 석기石器를 사용한 것이 특징이며, 인류는 채집과 사냥을 하며 이동 생활을 했습니다. 곧 약육강식이 난무하던 원시시대였는데, 그런 시기에 예술 활동이라니요.

　　　　　　　　　　　　　　저작권의 진화

죽간과 독서

"子曰 學而時習之 不亦說乎 有朋自遠方來 不亦樂乎 人不知
而不慍 不亦君子乎"

중국에서 사서삼경四書三經[1] 중 으뜸으로 여기는 『논어論語』는 위의
구절, '배우고 때때로 익히면 또한 기쁘지 아니한가'로 시작합니다. 공
자孔子 시대 이래로 이 책은 중국인들의 가치관에 깊은 영향을 끼쳤고,
이후 동아시아에도 큰 영향을 미쳤지요. 유교儒敎의 기본 가치관인 예
禮·의義·충忠·인仁이라는
유교적 인본주의人本主義를 담
고 있기 때문입니다. 그런데
이 책은 종이와 인쇄술이 만
나기 이전에 이미 나와 있었
습니다.

독서를 장려하는 말 중에
'남아수독오거서男兒須讀五車書'
라는 게 있습니다.

장자莊子가 친구 혜시惠施
의 장서를 두고 한 말 '惠施
多方其書五車'에서 유래하
는데요. 곧 "사내대장부라면
모름지기 다섯 수레 분량의

죽간 책 『논어』

책을 읽어야 한다"는 뜻입니다. 얼핏 보면 '다섯 수레'에 가득 담긴 책이라고 하니 엄청나게 많을 것 같지만, 실제로는 그렇지 않습니다. 춘추전국시대 때는 죽간竹簡이나 목간木簡에 글을 쓴 후 이를 가죽끈으로 엮어 읽을거리로 만들었습니다. 죽간은 대나무를 길게 쪼개서 만들고 글자를 세로쓰기로 한 줄 혹은 두 줄씩 써서 기록했습니다.

이러한 죽간을 여러 개 이어놓은 다음 이를 두루마리 형태로 묶은 것을 책冊이라고 불렀으며, 그 두루마리 하나를 권卷이라고 했지요. 당시 죽간 한 권은 지금의 종이책보다 부피가 훨씬 컸으므로, 이것을 다섯 수레에 실었다고 해도 그다지 많은 분량이라고 할 수는 없습니다. 예컨대, 『논어』 전체의 원문을 보면 대략 1만 3700자, 『맹자』는 3만 5000자 정도라고 하는데, 죽간 하나에 보통 10~20글자 정도의 한자를 쓸 수 있다고 가정했을 때 『논어』와 『맹자』를 옮긴 죽간의 분량이 얼마나 될지 짐작할 수 있기 때문이지요. 그리고 이러한 죽간은 또 다른 사람이 베껴 쓰는 방식으로 또 다른 죽간으로 태어났으며, 이런 방식으로 지식이 전파되었습니다.

결국 당시로서는 '표절'이 비윤리적이라거나 위법적이라는 의식은 거의 없었던 것으로 보입니다. 오히려 학습의 중요한 방식이었으며, 아마도 지식과 정보의 분량이 적었을 뿐만 아니라, 그 출처가 분명했다는 점이 작용한 결과였을 것입니다. '남아수독오거서'라는 말 또한 '다독多讀'을 강조한다기보다는 '반드시 읽어야 할 책'을 강조한 것이 아닐까 싶습니다.

그렇다면 안중근 의사가 남긴 말로 유명한 '일일부독서 구중생형극一日不讀書 口中生荊棘', 즉 "하루라도 책을 읽지 않으면 입 안에 가시가 돋는다"는 말은 무슨 뜻일까요?

저작권의 진화

장면과 배후 ❸

인쇄술과 대량복제

종교의 자유가 억압되던 16세기 독일 비텐베르크 Wittenberg. '스톰'의 아버지이자 도시 최고의 인쇄공 '클라스'는 종교개혁을 위한 '마르틴 루터'의 편지를 인쇄하다 체포되고 맙니다. 아버지가 체포되는 순간, 스톰은 루터의 원본 편지 내용을 인쇄할 수 있는 활판을 숨겨 도망치고, 그 사실을 안 가톨릭교회는 스톰을 잡기 위해 혈안이 되어 도시 구석구석을 뒤지기 시작합니다. 스톰은 하수구에 숨어 사는 소녀를 우연히 만나 도움을 받으며 활판을 지키기 위해 온갖 모험을 겪게 됩니다.

2017년에 개봉한, '데니스 보츠' 감독의 네덜란드 영화 「스톰: 위대한 여정 Storm: Letter of Fire」의 내용인데요. 인쇄술에 기반한 종교개혁의 배경을 영화화한 것으로 보입니다. 영화 속에서는 면죄부를 인쇄해서 판매하는 장면 등 당시 부패했던 교회의 모습이 고스란합니다.

여기서 주목할 부분은 구텐베르크의 활판 인쇄술 발명 이후 저작물의 대량복제가 시작되었을 당시에는 이처럼 인쇄소가 곧 출판사였다는 사실입니다. 그때나 지금이나 인쇄기를 갖추려면 많은 비용이 필요합니다. 투자 비용을 만회하려면 책을 많이 팔아야겠지요. 그렇다 보니, 초창기에는 그렇지 않았겠지만, 시간이 흐르면서 인쇄소끼리의 경쟁도 심해졌을 겁니다.

예컨대, A라는 인쇄소에서 구전으로만 전해오던, 기원전 8세기경에 호메로스 Homeros가 지은 것으로 알려진 「일리아드 Iliad」와 「오디세이 Odyssei」를 어렵게 원고로 만들어 조판組版해서 책을 냅니다. 이 책

영화 「스톰: 위대한 여정」 포스터

은 단번에 베스트셀러가 되어 팔려나갑니다. 그런데 어느 정도 팔리다
가 갑자기 판매부수가 대폭 줄어듭니다. 알고 보니 옆 동네의 B인쇄소
에서 A인쇄소가 만든 책과 똑같은 책을 만들어 더 싼 값에 팔고 있었
지요. 부당한 행위라는 것은 분명했지만, A인쇄소로서는 속앓이만 할
뿐 어떻게 해볼 방도는 없었습니다. 인쇄업자들 즉 출판업자들은 과
연 어떻게 이런 문제를 해결해 나갔을까요?

저작권의 진화

표절의 달인, 전기수

서울 종로 청계천 수표교 인근 공터에 사람들이 많이 모여 있습니다. 무슨 일인가 했더니 사람들은 누군가 신명나게 이야기를 떠벌리는 소리에 귀를 기울이고 있네요. 한번 들어볼까요.

심황후 또다시 분부허시되, 네 여봐라. 그 봉사 거주를 묻고, 처자가 있나, 물어보아라. 심봉사 처자, 말을 듣더니마는, 먼눈에서 눈물이, 뚝 뚝 뚝 뚝 떨어지더니마는, 예, 소맹이 아뢰리다 예 아뢰리다. 예, 소맹이 아뢰리다. 소맹이 사옵기는, 황주 도화동이 고토옵고, 이름은 심학규요. 을축년 정월달에, 산후경으로 상처허고, 어미 잃은 딸자식을, 강보에다 싸서 안고, 이집 저집을 다니면서, 동냥 젖 얻어

출처: 그림 김도연(2013), 『거리의 이야기꾼 전기수』, 사계절출판사

한 손엔 책, 다른 손엔 부채를 든 인물이 전기수

멕여, 게우게우 길러내어, 십오세가 되었으되, 이름은 청이옵고, 효성이 출천하야, 그애가 밥을 빌어 근근도생 지내갈제 우연한 중에 만나 공양미 삼백석만 불전으로 시주허면 소맹눈을 눈을 뜬다기로 효성 있는 내 딸 청이 남경장사 선인들께, 삼백석에 몸이 팔려, 임당수 제수로, 죽은 지가 우금 삼년이나 되었소. 눈도 뜨지를 못허옵고, 자식만 팔아먹은 놈을 살려두어 쓸데있소. 당장 목숨을 끊어주오.

심황후 기가 막혀, 산호주렴을 걷쳐버리고, 버선발로 우루루루루, 부친의 목을 안고, 아이고 아버지. 심봉사 깜작 놀래 먼눈을 희번뜩거리며. 에이, 누가 날다려 아버지라고 허여, 나는 아들도 없고, 딸도 없소. 아버지라니 누구여? 무남독녀 외딸 하나, 물에 빠져 죽은 지가, 우금 삼년인디, 아버지라니 이거 누구여.

심봉사가, 이 말을 듣더니, 어쩔 줄을 모르는구나. 에이! 에이! 이것 참말이냐? 내가 죽어, 수궁 천지를 들어 왔느냐. 내가 지금 꿈을 꾸느냐. 이것 참말이냐? 죽고 없난 내 딸 심청 여기가 어디라고, 살아오다니 웬 말이냐. 내 딸이면 어디 보자. 아이고, 갑갑허여라. ……

출처: 「심청가」 중 '심봉사 눈뜨는 대목' 일부, 작성자 세종국악원

앗, 그런데 이야기꾼이 중요한 대목에서 그만 입을 닫아버리네요. 사람들은 어서 나머지 이야기를 들려달라고 아우성을 하지만 요지부동. 하는 수 없다고 느꼈는지 사람들은 주섬주섬 동전 한두 닢을 꺼내 이야기꾼 앞에 던져줍니다. 그제야 이야기꾼은 다음 이야기를 이어갑니다.

요즈음은 보기 어렵지만 조선 후기까지만 해도 서울 종로통에서 흔하게 볼 수 있는 장면이었다고 합니다. 당시 세간에는 구전소설뿐만 아니라 딱지본 같은 소설책도 많이 유통되었고, 세책점貰冊店이란 곳

을 통해 책을 빌려 보는 사람들도 많았다고 합니다. 하지만 문맹률이 높다 보니 책이 나와도 소용없는 사람들도 있었을 겁니다. 이러한 시기에 소설을 읽어주고 일정한 보수를 받던 직업적인 낭독가가 등장했는데, 이런 사람들을 '전기수傳奇叟'라고 합니다.

출처: 공유마당

김홍도의 민화「담배썰기」. 왼쪽 아래 책장을 넘기는 인물이 전기수로 추정된다.

국제저작권협약의 발효

빅토르 위고 Victor Hugo, 1802~1885 를 아시나요? 『노트르담 드 파리 Notre-Dame de Paris 』1831 , 『레 미제라블 Les Misérables 』1862 같은 작품으로 유명한 프랑스 소설가이자 시인이면서 극작가이기도 한 인물입니다.

빅토르 위고는 '베른협약 Berne Convention'의 성립에 중요한 역할을 한 사람입니다. 유럽 문인들이 염원했던 국제적인 저작권 보호의 필요성을 절감하고, 이를 위해 적극적으로 활동했습니다. 베른협약은 1886년 스위스 베른에서 체결되었으며, 가입국들이 서로 저작권을 보호해야 한다는 내용을 담고 있습니다. 이로써 저작권에 관한 세계 최초의 '국제협약'이 탄생하게 된 것이지요. 맨 처음 협약 가입국은 프랑스, 영국, 튀니지 등 10개국이었습니다.

베른협약 이전에도 18세기 초반 영국을 시작으로 유럽 일부 국가에서 저작권을 보호하는 법률이 시행되고 있었지만, 그 효력이 국내에만 미치다 보니 외국 저작물을 표절하거나 원작자에게 이용허락을 받지 않은 채 무단복제하여 이른바 '해적판'을 발행해 수익을 올려도 원작자가 손 쓸 방도는 사실상 없었습니다. 그렇다 보니 의식 있는 작가들의 우려가 커갔고, 이 같은 공감대를 바탕으로 빅토르 위고 등이 앞장서서 베른협약을 성사시킨 것이지요.

베른협약은 기본적으로 회원국의 저작물을 자국 저작물과 동일하게 법적으로 보호할 것을 의무화했습니다. 나아가 빅토르 위고는 1878년 국제문학예술협회 Association Littéraire et Artistique Internationale 를 설

빅토르 위고

립하는 데 주도적인 역할을 하기도 했습니다.

한편, 기네스북에 따르면, 이 세상에서 가장 짧은 편지를 보낸 이가 바로 빅토르 위고였습니다. 자신의 책에 대한 반응이 궁금하여 출판사에 편지를 보냈는데 큼직한 종이에 물음표 하나만 달랑 적었다고 하네요. 출판사 역시 세상에서 가장 짧은 답신을 보냈는데 답장에는 느낌표 하나만 달랑 있었다고 합니다. 위고가 "?잘 팔립니까?"라고 묻는 편지를 보내오자 출판사가 "!네, 잘 팔립니다!"라고 답장을 보냈다는 이야기로, 그 책이 바로 불후의 명작인 『레 미제라블』입니다.

장면과 배후 ⑥

아시아에서 정착된 저작권

동양에서 저작권 보호의 당위성을 맨 처음 호소한 사람은 일본인 후쿠자와 유키치福澤諭吉, 1835~1901[2]로 알려져 있습니다. 그는 일본 막부幕府, 바쿠후 말기에 미국으로 건너가 문물과 법제도를 접한 뒤에 인간의 노동은 존중받아야만 한다는 기본적 관념을 바탕으로 저작 및 실천 활동을 통해서 무체재산, 즉 지식재산을 보호해야 하는 이유를 설파해 온 인물이지요.

후쿠자와 유키치는 초기작 『서양사정외편西洋事情外編』 1868 제3권에서 「사유私有 책을 논한다」라는 제목으로, "사유에는 두 종류가 있어, 하나를 이전移轉이라 하고, 하나를 유전遺傳이라고 한다"고 서술하고 있습니다. 여기서 이전이란 동산動産을, 유전이란 부동산을 의미하지만, 이 문장에 이어서 "사유의 종류에는 또한 한층 아름다움을 다하여 번영하는 비밀스러운 것이 있는데, 즉 발명 면허, 장판藏版 면허 등이 그것이다. …… 책을 저술하고 그림이나 도안을 제작하는 사람도 그것을 그 사람의 장서로 만들고, 개인의 이익을 얻기 위한 면허를 받아 사유재산으로 만든다. 그것을 장판면허카피라이트라고 부른다"고 하면서, 여기서 '장판면허'란 "저술가가 홀로 그 책을 판목版木으로 제작하여 전매 이익을 얻는 것"이라고 정의하고 있습니다.

후쿠자와 유키치의 저서는 그 밖에도 여러 종이 남아 있는데, 『문명론개략文明論之槪略』 1875과 함께 그의 대표 3부작으로 일컬어지는 『서양사정西洋事情』 1866~1870과 『학문추천學問推薦』 1872~1876은 당시 일본인들 사이에 베스트셀러가 되었으나, 이에 편승하는 무단복제도 매

후쿠자와 유키치

우 활발했던 것으로 보입니다. 이와 관련하여 그는 "『서양사정』은 내가 저술하고 번역한 것 중 가장 널리 세상에 알려지고 가장 많은 사람들이 읽은 책인데, 저자의 손으로 발매한 초판 부수가 15만 부를 밑돌고, 이에 더하여 당시 유행한 위판偶版을 더하면 틀림없이 20만 내지 25만 부가 팔렸을 것"[3]이라고 말했다고 합니다.

여기서 말하는 '위판'이란 후쿠자와의 허가를 받지 않고 간행된 불법 복제물을 가리키는 것이겠지요. 저서와 번역서가 널리 세상에 퍼진 것을 기뻐하는 한편, 저작권을 사권私權으로 다루면서 사유재산이 존중받아야 한다는 주장을 펼치고 있습니다. 스스로 출판사를 경영한 후쿠자와에게 위판이 난무하는 상황은 그대로 두고 볼 수 없는 것이었으며, 그렇기에 이는 천하의 문화와 문명의 발전에 악영향을 끼치는 것이라고 반복적으로 주장했을 겁니다. 이처럼 막부 말기와 메이지 초기에 저작권이 존중받아야 함을 주장한 후쿠자와의 노력은 1869년 출판조례의 제정과 그 후 이 조례의 적용과 해석에 큰 영향을 미쳤습니다.

저작물성의 의미

2011년, 영국 사진작가 데이비드 슬레이터 David J. Slater 는 인도네시아 술라웨시 섬에서 멸종 위기에 처한 검정짧은꼬리원숭이 마카카 니그라를 촬영하던 중, 당시 여섯 살이던 원숭이 '나루토'에게 카메라를 빼앗겼습니다. 나중에 카메라를 되찾아 그동안 찍은 사진이 무사한지 확인하던 사진작가는 깜짝 놀랐습니다. 나루토는 슬레이터의 카메라로 수백 장의 셀카를 찍었는데, 마치 사람이 찍은 것처럼 제법 잘 찍은 것들이 있었거든요. 사진작가는 이 사진들을 실은 책을 출판했고, 그중에서도 웃는 모습의 사진은 금세 유명해졌습니다.

하지만 이내 이 사진의 저작권이 누구에게 있는지를 두고 논란이 일

출처: 위키미디어

카메라로 셀카를 찍은 인도네시아 원숭이 '나루토'

저작권의 진화

었습니다. 슬레이터는 자신의 카메라로 촬영한 것이므로 저작권이 자신에게 있다고 주장했지만, 동물보호단체는 원숭이가 찍은 사진이므로 원숭이에게 저작권이 있다고 주장했습니다. 다만, 미국 법원은 나루토에게 저작권을 인정하지 않았습니다. 이후 슬레이터는 동물보호단체와 협의하여, 나루토와 서식지 보호를 위해 사진 수익의 일부를 기부하기로 했습니다. 이후로도 나루토는 탕코코-바투안구스-두아사우다라 자연보호구역에서 다른 검정짧은꼬리원숭이들과 함께 살고 있습니다.

또, 태국 치앙마이에 살고 있는 코끼리 '수다Suda'는 코로 붓을 잡고 그림을 그립니다. 믿기지 않는 그림 실력에 유튜브 조회 수는 수천

코로 붓을 잡고 그림을 그리는 태국 코끼리 '수다'

만 회를 넘었고, 사람들은 천재라는 칭찬과 함께 박수를 보냅니다. 그렇다면 수다는 어떻게 천재 코끼리가 되었을까요?

동물자유연대는 2024년 8월 '천재 코끼리의 비밀'이라는 문서를 통해 강제로 사육된 코끼리들의 실상을 공개했습니다. 태국에서는 수다 말고도 수많은 코끼리들이 화가? 훈련을 받고 있는데, 그 양성 과정은 두 살짜리 아기 코끼리를 엄마 코끼리에게서 빼앗는 것으로 시작합니다.

인간에게 잡힌 아기 코끼리들에게는 이른바 '파잔 의식'이 치러집니다. 이 의식은 사흘에서 길게는 일주일 동안 코끼리가 몸을 움직일 수 없게 사지를 나무 기둥에 묶고, 피가 날 때까지 갈고리로 찍거나 매질을 가하는 것인데요, 이는 코끼리의 야생성을 없애고 완전히 사람에게 복종할 수 있도록 하기 위함이라고 합니다. 파잔 의식에서 살아남은 코끼리들은 이제 걷기, 인사하기, 그림 그리기 등의 묘기를 배웁니다. 똑같은 행동을 반복할 때까지 쇠꼬챙이로 얇고 예민한 귀를 찌른다고 합니다. 결국 관광지에서 사람들의 환호 속에 보여주는 코끼리들의 재주는 고통을 당하지 않기 위한 처절한 몸부림이었던 겁니다.

© Elephant Nature Park

파잔 의식

저작권의 진화

인공지능AI 시대의 개막

딥마인드 챌린지 매치 DeepMind Challenge Match 라고 아시나요? 세계적
인 바둑기사 이세돌 9단과 구글 딥마인드가 개발한 컴퓨터 바둑 프로
그램 알파고 AlphaGo가 2016년 3월 9일부터 15일까지 우리나라 서울
에서 다섯 번의 대국을 진행했습니다. 하지만 당연히 이세돌 9단이 우
세할 것이라는 기대는 여지없이 무너지고 말았는데요, 놀랍게도 알파
고는 4 대 1로 이세돌 9단을 무너뜨렸습니다. 경기 후, 한국기원은 알
파고에게 최고 바둑 그랜드마스터 등급인 '명예 9단'을 수여했습니다.
이는 알파고가 바둑을 이해하고 정복하기 위해 '진심으로 노력'한 것
을 인정한 결과라고 합니다.

또, 비슷한 시기에 일본 나고야대학교의 사토 사토시 교수 연구팀

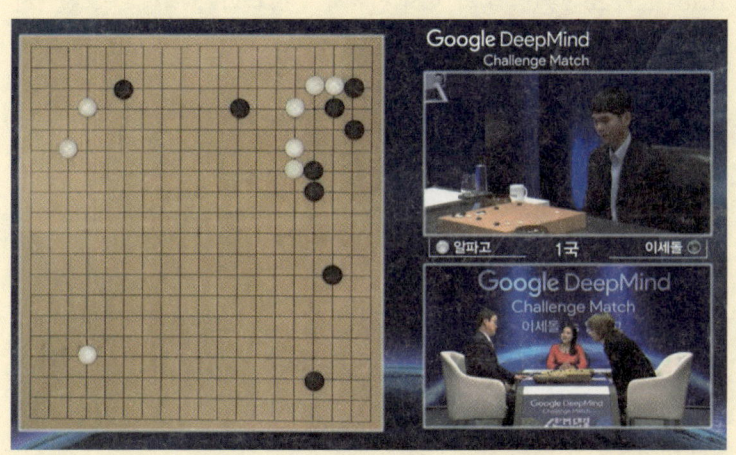

출처: 바둑TV 유튜브 영상캡처

알파고와 이세돌의 대국

출처: https://www.youtube.com/watch?v=3TqNd-1 cemA 영상캡처

AI가 쓴 「컴퓨터가 소설을 쓴 날」이라는 소설은 "컴퓨터는 자신의 재미를 우선으로 하여, 인간에게 봉사하는 것을 그만두었다"라는 문장으로 시작한다.

에서 개발한 인공지능AI이 「컴퓨터가 소설을 쓰는 날」이라는 제목의 단편소설을 씁니다. 소설을 쓴 AI는 기존 소설의 문장들을 학습하고 모방하여 새로운 소설을 창작하는 방식을 사용했습니다. 그리고 2016년, 이 소설은 일본의 호시 신이치 공상과학 문학상 공모전에서 1차 심사를 통과하여 큰 화제가 되었습니다.

　이 사건은 AI가 인간의 영역이라고 여겨졌던 창작 분야에 진입할 수 있는지에 대한 논쟁을 불러일으켰습니다. 다만, 이 소설은 AI가 특정 패턴을 학습하여 글을 쓸 수 있음을 보여주었지만, 동시에 창의성, 감정 표현 등 인간 작가만이 가질 수 있는 영역에 대한 의문을 제기했습니다. 동시에 앞으로는 소설 창작뿐만 아니라 다양한 분야에서 활용될 가능성이 높아졌다는 평가도 제기되었지요. 결국 이 소설은 AI가 인간 작가의 역할을 대체할 수 있는지에 대한 논의를 촉발시켰으며, AI 글쓰기의 가능성과 한계를 보여주는 사례가 되었습니다.

　　　　　　　　　　　　　　　　　저작권의 진화

AI가 만든 작품은 누구의 것일까

2022년 9월, 미국인 만화가 크리스 카시타노바 Kris Kashtanova 가 자신이 쓰고 문자-이미지 변환 AI 미드저니 Midjourney 를 사용하여 삽화를 그린 짧은 만화책 「여명의 자리야 Zaryaof the Dawn」의 저작권을 미국 저작권청에 등록합니다. 이 작품은 기억을 잃은 채 뉴욕에서 깨어난 자리야가 초월 세계 도우미 라야를 만나 2023년의

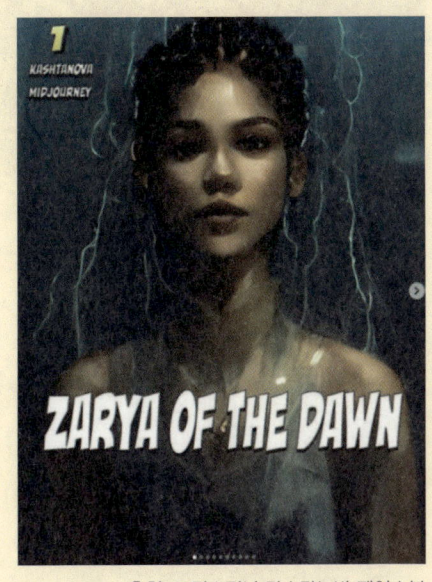

출처: 크리스티나 카슈타노바 페이스북
「여명의 자리야」 표지

정신 건강 위기로 파괴된 지구를 경험하고 자투라 월드에서 감정을 배우는 과정을 그린 작품입니다. 처음에는 삽화에 인공지능 미드저니를 사용한 사실을 숨겼기 때문에 저작권 등록에 성공했지만, 나중에 이 사실을 알게 된 저작권청이 등록을 취소하면서 저작권 논쟁을 불러일으켰지요.

미국 저작권청은 AI로 생성된 이미지 자체는 저작권 보호를 받을 수 없지만, 이미지의 배열, 텍스트, 스토리 등 인간이 기여한 창작물은 보호받을 수 있다고 판단했습니다. 이 사건은 AI 생성 창작물의 저작

이미지 생성 AI '달리'로 그린 「진주 목걸이를 한 소녀」

권 문제에 대한 중요한 선례가 되었으며, AI 기술 발전에 따른 창작 주체와 저작권 인정 범위에 대한 논의가 왜 필요한지 알리는 계기가 되었습니다.

아울러 미국 저작권청은 'AI 산출물이 포함된 콘텐츠의 저작권 등록에 대한 가이드라인'을 발표했는데, '인간의 창작물 product of human authorship'에 대해서만 저작권을 인정한다는 기존 판단을 재확인했습니다.[4] 곧 AI 기술은 인간으로부터 프롬프트만을 입력받아 복잡한 산출물을 생산하는데, 이용자가 AI 시스템이 프롬프트를 해석하고 산출물을 생산하는 과정에 창의성을 발휘하지 못하는 경우에는 저작권을 인정할 수 없다는 것이지요. 하지만 AI 산출물을 수정하여, 그 수정 내용 자체가 저작권 보호 기준을 충족하는 경우 등 인간의 창의성이 인정될 때는 그 부분에 한해서는 저작권을 인정할 수 있다고 했습니다. 이를 위해 AI를 이용한 창작물에 대해 미국에 저작권 등록을 신청할 때는 저작물에 AI 생성 콘텐츠가 포함되었다는 사실을 반드시 밝히고, 인간이 기여한 부분을 기재하도록 규정했습니다.

저작권 보호의 한계

한때 CCL ^{Creative Commons License} 창시자 로렌스 레식 ^{Lawrence Lessig} 교수가 저작권을 침해했다는 뉴스가 논란이 된 적이 있습니다.

2010년 6월, 레식 교수는 서울에서 열린 'CC 아시아' 콘퍼런스에 참석했습니다. 아시아와 호주, 뉴질랜드의 크리에이티브 커먼즈 운동가들이 모여 각 나라의 공유 문화를 소개하는 행사였지요. 이 콘퍼런스에

출처: 위키백과

로렌스 레식

서 레식 교수는 CCL의 정신인 '개방'을 주제로 50분 정도 강연을 했습니다. 그는 강연에서 저작권이 느슨할 때 나타나는 현상을 소개하면서 사례의 하나로 프랑스 밴드 '피닉스'가 부른 「리츠토매니아」라는 노래를 가지고 이용자가 만든 뮤직비디오를 보여주었습니다. 저작권을 엄격하게 관리한다면 생겨나지 못했을 작품이었지요. 그리고 레식 교수는 이날 강연한 내용과 발표한 자료를 유튜브에 올렸습니다.

그런데 이용자가 만든 '리츠토매니아' 뮤직비디오가 문제였습니다. '리츠토매니아'의 저작권을 가진 '리버레이션'이라는 음반회사는 이 음악이 흘러나오는 것을 저작권 침해라고 판단했습니다. 레식 교수의 영상이 피닉스가 노래를 부르는 모습이 아니라, 그 노래에 맞춰 사람들이 새롭게 만든 뮤직비디오를 담고 있었고, 강연 영상이 상업적으로

쓰인 것도 아니었습니다. 또, 리츠토매니아는 50분짜리 강연 중간에 아주 잠깐 흘러나왔을 뿐이었지요.

그런데도 음반회사는 레식 교수의 강연 동영상을 유튜브에서 차단하는 조치를 단행했습니다. 유튜브에는 저작권자가 자기 저작권을 침해한 동영상에 대해 차단 조치를 취할 수 있는 관리 페이지가 있습니다. 이곳에서 저작권자는 저작권을 침해한 동영상을 간단하게 차단할 수 있지요. 음반회사는 바로 이 방법을 써서 레식 교수의 동영상을 내렸던 겁니다. 이 과정에서 레식 교수의 의견은 전혀 반영되지 않았습니다. 유튜브 시스템은 저작권자가 저작권을 위반했다고 판단하면 바로 차단할 수 있도록 만들어져 있기 때문에 이용자가 이를 막을 방법은 전혀 없는 셈이지요.

레식 교수는 자기가 올린 동영상이 사라져버리자 음반회사에 항의했습니다. 그는 동영상에 피닉스의 노래가 쓰인 건 저작권을 침해한

CCL의 종류

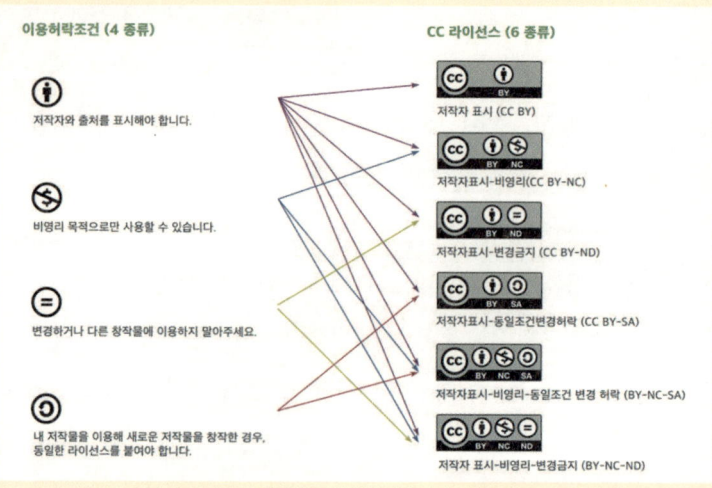

출처: ccl.cckorea.org/about/

저작권의 진화

게 아니라 '공정이용'에 해당한다고 주장했습니다. 그리고 레식 교수는 동영상을 차단한 것은 음반회사의 저작권 남용에 해당한다고 주장하며 소송을 제기했습니다. 음반회사가 전혀 상업성을 띠지 않은 강연이면서 영상에 포함된 노래 또한 강연 내용의 일부로 쓰인 것에 불과한데도 강연 영상에 대해 그 접속을 차단한 것은 저작권 남용이라는 취지였지요.

2분 남짓한 패러디 영상에 자기네 노래가 쓰였다고 저작권 침해를 주장하며 강연 동영상을 차단한 음반회사, 그리고 저작권을 남용했다고 저작권자에게 소송을 건 레식 교수 중 과연 누가 잘못한 것일까요? 또한, 레식 교수가 창시한 크리에이티브 커먼즈 라이선스에 대한 관심도 더욱 필요한 시대가 되지는 않았는지 생각해 봐야겠습니다.

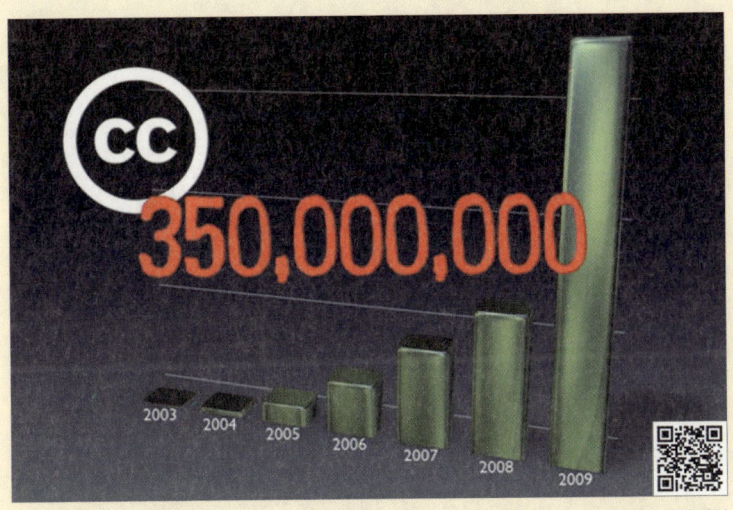

출처: lessig 유튜브 영상캡처

레식 교수가 올린 문제의 동영상 한 장면

 피닉스의 뮤직비디오 「리츠토매니아」

저작권의 진화

1장. 동굴벽화와 필사 시대

: 창작, 인간 고유능력의 발현

 **무엇일까?**

• 문자를 기록하는 매체가 지역별로 다르게 나타났던 이유는 무엇일까?

• 문화적 배경의 차이와 기록매체 특성이 갖는 상관성은 무엇일까?

1. 이미지

_ 인간 커뮤니케이션의 시작

시청각 이미지와 그림문자

오래전부터 문자는 사람들 사이에서 의사를 전달하는 수단으로 자리를 잡았다. 하지만 문자가 언제부터 생겨나 사용되기 시작했는지는 정확히 알 수 없다. 아마 문자가 없었던 시대에도 사람들은 목소리나 몸짓 등으로 의사를 소통했을 것이다. 나아가 문명이 점차 발달함에 따라 사람들의 목소리는 일정한 체제를 갖춘 언어로 발전하게 되었을 것이다.

소리는 일반적으로 음향音響과 음성音聲으로 나뉜다. 이러한 소리는 시간적으로나 공간적으로 전달되는 범위 안에서만 전달이 가능하며, 인간의 기억력 범위 안에서만 효력을 갖는다. 그렇다 보니 사회가 점차 발달하고 복잡해지면서 전달해야 할 정보가 늘어남에 따라 사람들은 커뮤니케이션 수단으로서의 소리에 대해 한계를 느꼈을 것이다. 그래서 예전보다 확실하고 효과적인 문자를 발명했겠지만, 문자는 결코 짧은 시일 안에 생겨나고 자리 잡

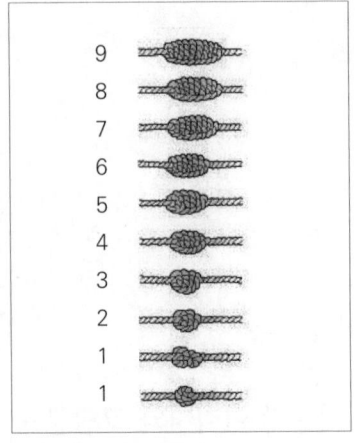
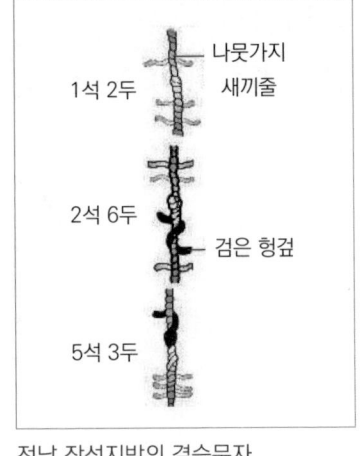

| 고대 페루의 결승문자 | 전남 장성지방의 결승문자 |

을 수 있는 게 아니었다.

  우리 인류의 발전 과정을 돌이켜 볼 때 문자를 널리 사용하고 그에 따라 여러 가지 기록물이 등장하는 시점을 기준으로 선사시대先史時代와 역사시대歷史時代로 나누는 것이 일반적이다. 먼저 선사시대에 인류가 의사 전달과 보존을 위해 사용했던 수단으로서의 매체 중에서 가장 오래된 것은 '매듭'이다. 천이나 양털로 만든 새끼로 적당한 간격마다 일정한 매듭을 지어 서로 의사를 표시했던 결승문자結繩文字가 대표적이다. 고대 중국, 페르시아, 잉카제국 등에서 사용되었으며, 지금도 그 흔적이 페루나 멕시코의 원주민들에게 남아있다.

  이러한 결승문자보다 발달한 형태가 바로 그림문자이다. 나무나 돌 등에 선이나 그림을 그려 좀 더 편리하고 합리적인 의사소통 수단을 개발한 것이다. 그림문자는 직접적이면서도 구체적이

저작권의 진화

수메르 설형문자

고 다양성이 있으며, 무엇보다 기록성이 뛰어났다. 이런 점에서 원시시대에 그려진 것으로 추정되는 동굴벽화나 암각화 같은 것들을 예술적 활동의 일환이라고 생각하기는 어렵다. 고고학자들의 추정처럼 좀 더 사냥이 잘 되기를 바라는 주술적 의미가 담겼다고 보는 것이 더 타당하기 때문이다. 그리고 이러한 그림들이 점차 문자 형태로 발전하는 계기가 되었다.

쐐기문자 또는 설형문자楔形文字, cuneiform는 메소포타미아 문명을 일으킨 고대 수메르인들이 기원전 3500년경부터 사용했던 문자인데, 현재 남아 있는 기록이나 발굴된 것들 중에서 가장 오래된 문자로 알려져 있다. 초기에는 그림문자의 형태를 띠다가 점차 추상적인 모습으로 변했다.

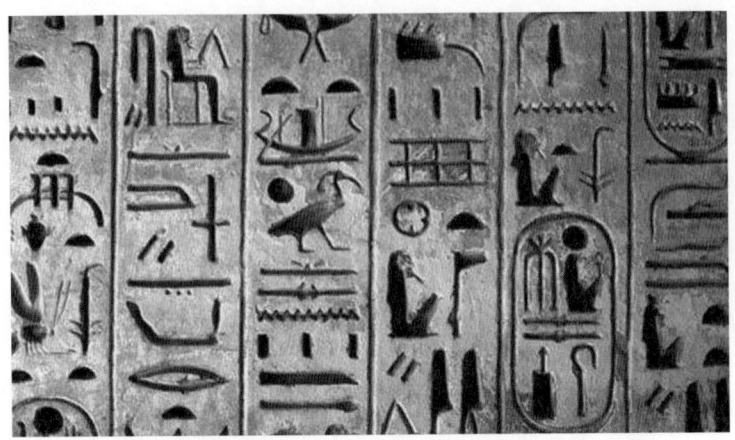
이집트 그림문자

어쨌든 인류 초창기 그림들은 암벽이나 동굴 천장 등에 사물이나 사람의 형상을 그대로 본떴다면, 그림문자는 실제 모습을 간략화하여 표기함으로써 상형문자 이전의 원시문자 역할을 했다. '신성문자'라고도 하는 이집트 그림문자가 대표적이다.

사물의 이미지와 상형문자

그다음으로 등장하는 상형문자象形文字, hieroglyph는 사물의 모양을 본떠 만든 문자를 말하며, 따지고 보면 인류가 처음 쓰기 시작한 문자는 모두 상형문자이다. 대표적인 것이 중국 한자漢字의 시초라고 할 수 있는 갑골문자이다. 이는 동북아시아의 고대 상형문자이며, 주로 거북이의 배딱지龜甲와 짐승의 견갑골獸骨에 새겼으며, 이를 합하여 갑골문^{甲骨文}이라고 불렀다. 중국에서 청나라 말엽인 1899년에 상^商나라 시대 수도였던 은허^{殷墟}에서 최초로 발견된 이후 중국 도처에서 대량으로 나타났다. 이러한 갑골문자는 상형문자이고 한자의 초기 문자 형태에 해당한다. 발굴된 뼈의 추정연대는 대부분 기원전 1200년에서 기원전 1050년이다.

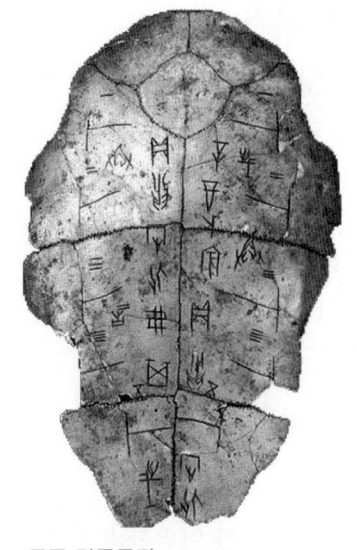

중국 갑골문자

이처럼 동양권에서는 중국의 한자가 문자로서 발전해 나간 것처럼 세계 각지에서는 다양한 문자가 생성되어 널리 쓰였다. 특히 이른바 4대 문명 발상지를 중심으로 문자의 발전이 두드러졌다. 대체로 문명이 발달하면서 정보량이 늘어나고 추상적인 개념이 많이 생겨남에 따라 결국 문자는 표의문자^{表意文字} 또는 표음문자^{表音文字}로 발전하기 시작했다. 그 발전 과정을 살펴보면 대체적으로 그림문자에서 상형문자로 발전한 것들이 중국 한자와 같은 표의문자로 발전했으며, 설형문자 유형이 알파벳과 같은 표음문자로 발전했다. 비록 서양 문자보다는 나중에 만들어지기는 했지만 과학적인 근거를 바탕으로 세종대왕과 집현전 학사들이 만든 우리 '한글'은 예외적인 표음문자라고 할 수 있다.

2. 문자
_ 보다 정확한 기록매체의 발명

문자와 기록

그렇다면 이러한 문자들은 어디에다 쓰거나 새겨서 이용했을까? 문자를 널리 사용하게 됨으로써 인간은 비로소 거리나 장소에 관계없이 보다 명확하게 자기 생각을 표현하고 전달할 수 있게 되었다. 게다가 기록으로 남겨 후세에도 전할 수 있게 됨으로써 다양한 학문과 예술의 발전에도 기여하게 되었다. 그런데 이처럼 인류가 기록을 위해 문자를 사용한 것은 매우 오래되었지만, 매체로서의 종이를 만들어 쓰게 된 것은 인류 역사에 있어 그다지 오래되지 않은 일이다.

종이를 처음 발명한 나라는 중국인데, 중국의 역사서에 따르면 종이는 후한後漢 시대였던 서기 105년에 채륜蔡倫이란 사람이 만들었다고 한다. 우여곡절 끝에 종이가 서양에까지 전파된 것은 그로부터 1000년이 훌쩍 지난 12세기 무렵이었다.

앞서 살핀 것처럼 종이를 사용하기 훨씬 이전에 중국에서는 거

저작권의 진화

북의 껍데기나 동물의 뼈, 돌, 옥玉, 도자기 등에 문자를 새겼다. 몽골 지역에서는 양피지羊皮紙에 불경을 새기기도 했다. 그리고 종이가 본격적으로 사용되기 이전까지 가장 대중적으로 사용한 기록매체는 대나무로 만든 죽간竹簡이었다.

죽간-점토판-파피루스-양피지

죽간은 대나무 마디를 잘라낸 다음 쪼개서 푸른 기운을 죽이는 살청殺靑 과정을 거치고 말린 다음 푸른 기운이 사라진 면에 붓으로 글씨를 쓰는 방식으로 이용했다. 한쪽이 다 차면 다음 쪽에 글씨를 썼는데, 하나의 결과물이 완성될 때까지 이를 계속 가죽끈으로 이었다. 이렇게 죽간 한쪽 한쪽을 이은 모습이 '책冊'이라는 한자로 형상화되었으며, 이어진 것은 평소에 둘둘 말아서 두루마

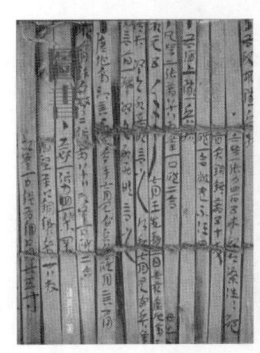

출처: 공공누리

글씨를 써넣을 수 있는 대나무로 만든 책, 죽간

리 형태로 보관했는데, 이를 한 '권券'이라고 했다.

대나무가 아닌 일반적인 나무 재질을 사용하기도 했는데 이는 목독木牘 또는 목간이라고 했으며, 귀족들은 비단을 필사 재료로 사용하기도 했다. 다만, 이들보다 더 많이, 대중적으로 사용된 것이 바로 죽간이다. 요컨대, '책'이란 단어는 곧 죽간을 펼쳐놓은 모습을 형상화한 것이고, '권'은 곧 '두루마리'를 뜻하는 말이었다. 결국 죽간 한 두루마리가 '책 한 권'이었던 셈이다.

서양에서도 시대와 지역에 따라 다양한 재질을 이용해서 문자를 기록했다. 원시시대에는 암벽이나 동굴의 벽 또는 천장에 기록을 남겼는가 하면, 메소포타미아 지방에서는 점토판粘土版을, 이집트 나일강 유역에서는 파피루스papyrus를 이용했다. 먼저 고대사회에서 널리 이용되었던 기록 재료 중 하나인 점토판은 주로 메소포타미아 지방과 그 주변 지역에서 설형문자를 기록하는 데

점토판

저작권의 진화

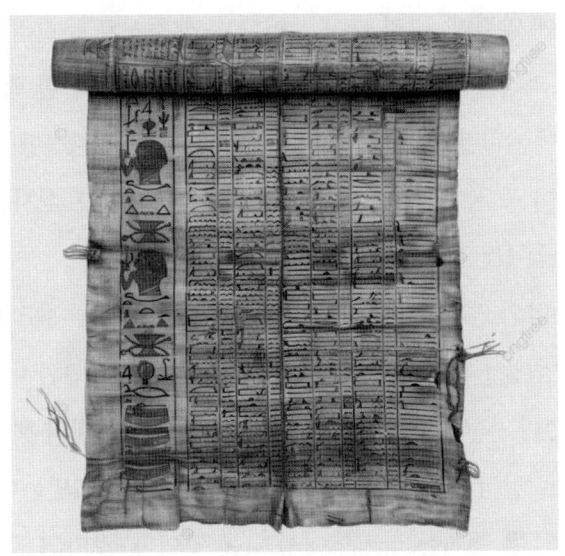

파피루스

썼다. 점토판은 부드럽고 유연한 진흙을 알맞은 크기와 형태로 빚어서 나무나 뼈, 또는 쇠붙이로 된 철필로 문자를 새긴 다음 불에 굽거나 햇볕에 말리는 방법으로 만들었다. 글씨를 새기는 데 시간이 오래 걸리거나 내용을 첨가해서 기록할 필요가 있는 경우에는 진흙이 마르지 않도록 젖은 천으로 싸서 사용하기도 했다.

파피루스는 원료 자체가 건조해지면 부스러지기 쉬워서 보존하는 데 적당하지 않았다고 한다. '파피루스'는 원래 이집트 나일 강 유역의 늪지대와 삼각주 지역에 많이 자생했던 다년생 식물을 가리키는 말이다. 이를 적당한 길이로 잘라서 겉껍질을 제거하고 속대를 얇게 쪼개어 가로로 나란히 놓고, 그 위에 다시 세로로 늘어놓은 후 압력을 가하면 내면의 끈끈한 진액으로 인해 접착된 것을 햇볕에 말렸다. 그런 다음 상아나 조개 등으로 문질러서 광택을 내는 과정을 거쳐 만들어진 파피루스는 노르스름한 백색이지만 나중에는 누런 색으로 변했다고 한다. 이렇게 완성된 것 중에서 품질이 좋은 파피루스는 문서 등 기록하는 용도로 사용했고, 품질이 낮은 것은 포장지 등으로 사용했다.

또, 동양의 양피지羊皮紙와 비슷한 파치먼트 parchment 도 있었다. 이는 동양에서 제지술이 전해지기 전인 12세기 무렵까지도 널리 사용되었다. 특히, 이를 활용한 코덱스 Codex 는 현대의 책과 비슷한 형태로 낱장을 묶어서 표지로 싼 형태를 띠고 있었는데, 이는 '나무토막'을 뜻하는 라틴어에서 나온 말이다. 로마의 발명품으로 이전의 두루마리 형태를 대체했다. 이를 바탕으로 오늘날 서양식 제본 기술이 확립되었다고 할 수 있다.

기본적으로 파치먼트는 양이나 염소의 가죽으로 만든, 질기고도 부드러운 기록 재료를 가리킨다. 송아지 가죽도 쓰였는데 이는 밸럼 vellum 이라고 했다. 기원전 500년 무렵부터 이집트와 팔레스타인 지방은 물론 페르시아와 아시아 지역에서도 널리 사용되었다. 만드는 방법은 지역에 따라 매우 다양했다. 일반적으로 우선 가죽을 씻어 석회로 소독을 하고 나서 털을 깎은 후 무두질을 하면서 가죽을 늘리는 한편, 경석으로 광택을 냈다. 가공 기술은 점차 발달하여 3세기 로마시대에는 자줏빛으로 염색하는 기술이 발달했고, 4세기에 이르면 유럽의 기록 재료를 독점하게 되었다. 이러한 파치먼트는 파피루스의 최대 결점인 약한 내구성을 보완

파치먼트

함으로써 장기 보존이 가능해졌다는 장점에도 불구하고 값이 비싸고 재료도 얻기가 어려웠다는 한계를 지니고 있었다. 또, 수요가 생산보다 많아진 8세기부터는 가격이 점차 오르자 옛날 문서 내용을 지우고 그 위에 다시 쓴 이중 사본도 성행했다. 필기도구로는 깃촉펜과 다양한 잉크를 사용했으며, 이렇게 만들어진 필사본은 4세기 이래 1천여 년이 지나는 동안 성직자들의 손을 거쳐 기독교뿐만 아니라 이슬람교 및 유대교에까지 사상을 전파하고 보존하는 보편적 수단이 되었다. 종이가 사용되기 시작한 이후에도 한동안 책의 제본이나 장식 등에 부분적으로 사용하기도 했다.

이처럼 우리 인류는 고유의 창작 능력을 발휘하기 위해 문자와 더불어 다양한 매체를 만들어냈으며, 이를 바탕으로 찬란한 문화의 꽃을 피울 수 있었다.

2장. 대량복제 시대

: 인쇄술이 낳은 저작권의 씨앗

무엇일까?

- 우리 조상들이 만들어낸 위대한 기록문화 유산에는 어떤 것들이
  있으며, 그 의미는 무엇일까?
- 지식재산권을 부여하고 보호하는 이유는 무엇일까?
- 표절과 저작권 침해의 본질적 차이점은 무엇일까?
- 저작권 개념이 서양에서 먼저 싹튼 역사적·문화적 배경은 무엇일까?

1. 종이와 인쇄, 문자 복제의 신기원

_ 지식 대중화 개막

종이와 인쇄술이 이끈 혁명

마침내 종이가 세상에 널리 쓰임으로써 인류는 새로운 문명 시대를 맞이하게 된다. 그리고 인쇄술은 종이가 보급됨으로써 비로소 싹튼 기술이다. 종이는 인쇄술과 더불어 지식과 정보의 보급에 일대 변혁을 가져와 서양의 종교개혁과 문예부흥, 그리고 시민혁명과 산업혁명을 성공으로 이끈 결정적인 요소가 되었다.

종이를 처음 만들어 사용한 나라는 중국이다.[1] 하지만 활자와 인쇄술이 실현된 최초의 증거는 우리나라에서 먼저 찾을 수 있다. 예컨대, 우리 국보 제126호인 「무구정광대다라니경無垢淨光大陀羅尼經」은 신라시대인 751년 무렵 만들어진 불경 목판 인쇄물로, 1966년에 불국사 석가탑 안에서 발견되었다.

너비 약 8cm, 폭 6.5~6.7cm, 전체 길이 620cm인 두루마리에 1행 8~9자씩 경문經文을 적었다. 현존하는 세계에서 가장 오래된 목판 인쇄물로 추정되고 있다.

목판 인쇄물인「무구정광대다라니경」

또, 팔만대장경八萬大藏經도 있다. 경남 합천 해인사海印寺에 보관
되어 있으며 고려대장경이라고도 불린다. 고려가 몽골의 침입을
불력佛力으로 막아내고자 1236년 고종 23년 강화도에서 조판에 착수
하여 1251년 고종 38년까지 16년에 걸쳐 완성한 대장경이다. 실제로
는 대장경판을 가리키는데, 판각의 매수가 8만여 판에 달하고, 8
만 4천 번뇌에 해당하는 8만 4천 법문을 수록하여 '팔만대장경'이
라고도 한다. 현존하는 세계의 대장경 가운데 가장 오래된 것이
며, 체재와 내용도 가장 완벽하다는 평가를 받았다. 1962년 우리
국보 제32호로 지정되었고, 해인사 장경판전이 1995년 유네스코

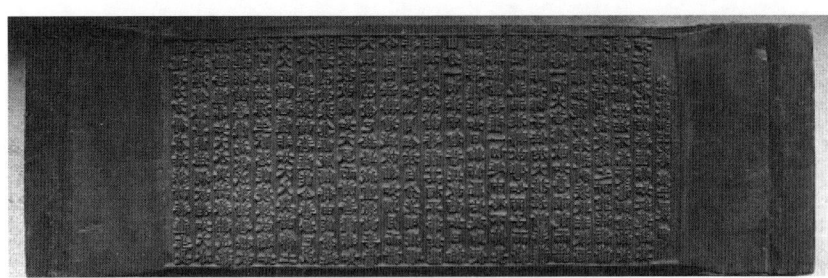
목재로 만든 팔만대장경판

저작권의 진화

해인사에 있는 장경판전

세계문화유산으로, 2007년에는 대장경판 모두가 유네스코 세계 기록유산으로 지정되었다.

세계 최초 금속활자본

그러나 우리 인쇄문화의 금자탑은 뭐니뭐니해도 세계에서 가장 오래된 금속활자본으로 인정받은 『직지直指』[2]라고 할 수 있다. 백운화상白雲和尙 경한景閑이 1372년에 초록한 불교 서적을 백운화상이 입적하자 1377년 우왕 3년에 청주 흥덕사興德寺에서 금속활자로 찍어낸 것이다. 금속활자본은 현재 하권만 남아서 프랑스 국립도서관에 소장되어 있다. 1972년 박병선 박사에 의해 현존하는 금속활자로 인쇄된 책 중에서 가장 오래된 것이라고 밝혀졌고,

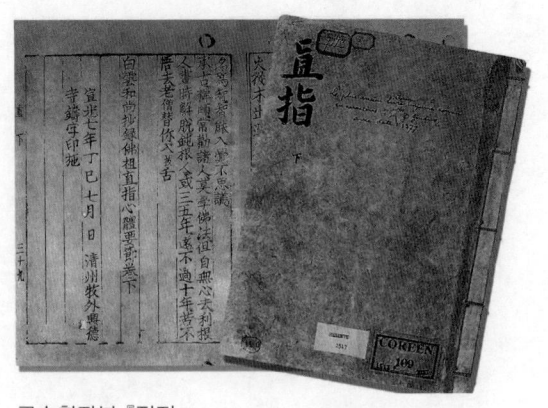

금속활자본 『직지』

그해 유네스코가 지정한 '세계 도서의 해' 기념 도서박람회에 처음 모습을 드러냈다. 2001년 9월 4일에 『승정원일기』와 함께 유네스코 세계기록유산에 등재되었다.

한편, 이규보의 『동국이상국집』에 따르면 1234년 무렵 금속활자를 써서 『고금상정예문古今詳定禮文』 50부를 인쇄했다는 기록이 남아 있지만, 애석하게도 실물이 남아 있지 않아서 확인할 길이 없다.

서양 최초의 인쇄술

서양에서 최초의 인쇄술은 독일 마인츠Mainz 출생의 요하네스 구텐베르크Johannes Gutenberg, 1398~1468가 발명했으며, 1455년경 발행한 『42행 성경』이 그 최초의 인쇄물로 알려져있다.

저작권의 진화

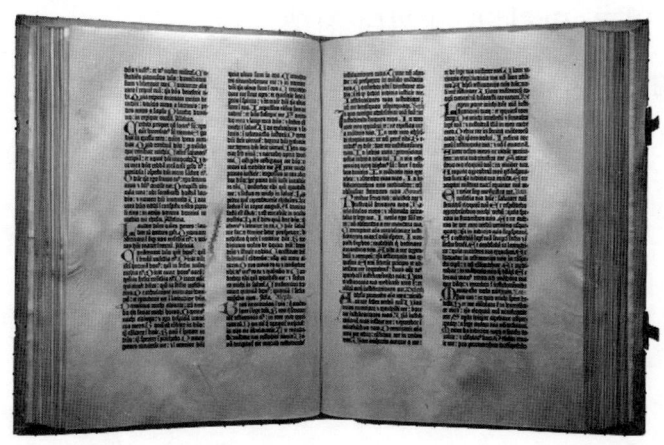
구텐베르그가 발행한 『42행 성경』

　이로써 인류는 오랜 필사본筆寫本 시대를 마치고 마침내 간본刊本 시대를 맞이하게 되었다. 인쇄술의 등장으로 책을 만드는 일이 그 이전과는 비교할 수 없을 만큼 쉬워졌으며, 무엇보다도 대량 생산이 가능해짐으로써 매우 싼 값으로 책을 구해 볼 수 있게 되었다. 또, 인쇄술이 발달함에 따라 일부 계층에만 국한되었던 교육과 지식이 일반인들에게까지 널리 보급됨으로써 사회 전반에 걸쳐 변혁을 일으키는 원동력이 되기에 충분했다.

　정치적으로는 절대 왕권사회에서 근대 시민사회로 바꾸는 역할과 함께 종교적으로는 성서 보급을 확대하여 마침내 종교개혁까지 가능하게 했다. 나아가 산업혁명의 성공도 인쇄술 발명에 따른 과학기술의 발전이 가져온 결과였다. 결국 인쇄술이 가져온 변화와 개혁의 영향으로 권위주의가 무너지고 자유주의가 싹트는 계기를 마련할 수 있었다.

2. 읽고, 말하고, 베끼던 시대

_ 표절의 무개념성

독서 개념의 변화

종이와 인쇄술이 등장하기 이전에도 책 읽기, 즉 독서는 흔하게 볼 수 있는 풍경이었다. 동양의 경우만 하더라도 비록 귀족 등 지식인들의 전유물이기는 했지만, 이미 살핀 것처럼 죽간이나 목간, 또는 비단 재질로 만들어 백서^{帛書}라고 불렸던 겸백^{縑帛} 같은 권자본^{卷子本 3} 형태로 책을 만들어 읽고 썼다.

한편, 다음과 같은 견해는 오늘날 새로운 개념으로 진화하고 있는 '독서'의 단면을 잘 보여준다.

독서는 음독^{音讀}에서 묵독^{黙讀}으로, 그리고 묵독은 집중형 독서에서 분산형 독서를 거쳐 이제 '검색형' 독서로 변하고 있다. 서적사가들은 대체로 집중형 독서에서 분산형 독서로 이월한 시기를 18세기로 본다. 18세기는 산업혁명에 따른 문화 르네상스와 프랑스혁명 등으로 인해 새로운 독자층이 대거 유입된 시기

저작권의 진화

이다. 과거에 교양 계층이 아니었던 사람들, 즉 여성이 열심히 책을 읽기 시작했다. 그리고 21세기에 독서는 '검색'이란 행위로 말미암아 다시 혁명적 전환을 맞고 있다.[4]

이러한 독서 패러다임의 변화는 우선 텍스트의 형질形質 변화에서 그 원인을 찾아야 하겠지만, 위의 글에서 주목해야 할 부분은 바로 "독서는 음독에서 묵독으로" 변했다는 사실이다. 곧 소리 내어 읽는 독서 방식이 오랜 전통이었는데, 어느 틈엔가 소리를 내지 않고 속으로만 책을 읽는 방식으로 변했다는 것이다.

이는 교육이나 학습 방식의 변화에서 비롯되었다. 우리나라의 경우 조선시대까지 기초교육은 이른바 서당書堂이란 곳에서 훈장訓長으로 불리는 선생님에 의해 이루어졌다. 이곳의 풍경은 학동學童들이 일제히 입을 모아 "하늘 천天 따 지地 검을 현玄 누를 황黃……" 하는 식으로 소리 내어 텍스트를 읽고 암송하는 방식이었다. 이는 집에서 혼자 공부할 때도 마찬가지였다.

그러던 것이 서구식 교육제도와 함께 교실과 도서관이 생김에 따라 여럿이 모이기는 하되 집단학습보다는 자율학습 형태의 개인별 학습 방식이 자리를 잡게 됨으로써 독서 방식도 조용히 속으로 읽는 묵독 형태로 변하게 되었다.

표절의 등장

눈 밝은 독자라면 벌써 알아챘을 테지만, 오랜 세월 우리 인류가 교육 또는 학습 방식으로 선택했던 것이 어쩌면 오늘날 우리가 비윤리적인 행위라고 하여 매우 금기시하는 '표절剽竊, plagiarism'이 아니었을까. 동서양을 막론하고 구전口傳 시대를 거쳐 인쇄 시대에 이르기까지 텍스트를 소리 내어 읽고, 필사하고, 아예 통째로 외워 암송하는 것이 일반적인 학습 방식이었으니 말이다.

우리나라에서 조선 말기까지 유행했던 세책점貰冊店과 전기수傳奇叟도 마찬가지다. 세책점은 말 그대로 '책을 빌려주는 가게'로, 현대에 와서도 한때 유행했던 도서대여점 같은 곳이다. 책을 직접 사고파는 곳이 서점이라면, 일정 기간 대여료를 받고 책을 빌려주고 돌려받던 곳이다. 책값이 비쌌던 근대 시기 이전에 일반 고객인 독자를 상대로 세책점에서 다수의 책을 보유해 놓고 인기 있는 책을 저렴한 비용으로 일정 기간 빌려주었다. 이러한 세책 영업은 18세기 중반 이후부터 20세기 초반까지 지속되었다. 특히 한글을 깨친 사대부가의 여성들이 세책점에서 국문소설을 경쟁적으로 빌려 읽음으로써 독서의 대중화와 상업화를 촉진했다. 그런데 이때 세책점에서 취급했던 책들은 과연 어떻게 나온 것일까. 대부분 대중적 인기가 높았던 작품들을 무작정 베낀, 즉 표절하여 무단 복제한 것들이 아니었을까.

전기수는 더 말할 것도 없다. 문맹을 떨치지 못한 백성들을 상대로 유명 작품들을 길거리에서 읊어주고 돈을 벌었으니. 그런 점에서 전기수는 아날로그 시대의 그것일망정 아마도 오늘날 유튜브를 통해 책을 소개하고 읽어 주는, 이른바 '북튜버'의 원조가 아닐까싶다.

모방과 표절 사이

그런데 여기서 '표절'에 관한 동·서양 인식의 공통점 혹은 차이를 살펴볼 필요가 있다. 표절이란 "다른 사람이 창작한 예술작품이나 학술논문, 또는 기타 각종 저작물의 일부 또는 전부를 직접 베끼거나 그 아이디어를 모방하면서, 마치 자신의 독창적인 산물인 것처럼 공표하는 행위"를 가리킨다.

그런 점에서 오늘날 표절은 동양과 서양을 막론하고 있어서는 안 될 비윤리적인 행위로 인식되지만, 근대 이전에는 지식의 전파가 중요했기에 그다지 중요한 문제가 아니었던 것으로 보인다. 즉 "서양에서 근대적 의미의 재산권 형태의 특허권이나 저작권은 18세기 이후 계몽주의, 시민혁명을 거치면서 생겨났다고 할 수 있다. 인간의 개성을 강조하는 서양의 오랜 전통인 개인주의가 중세 암흑기의 종말과 함께 활짝 개화한 합리주의와 만나 재산권이라는 개념을 중심으로 권리와 의무라는 규범체계로 형성되는 과정에서 지식에 대한 재산권화, 즉 지식을 둘러싼 권리와 의무라는 규범체계가 특허법, 저작권법 같은 지적재산권법 체계로 형성되었다."[5]는 견해에 비추어 볼 때, 윤리적 측면이 강한 표절에 대한 인식 또한 그렇지 않았을까 짐작된다.

실제로 "중세가 막을 내리고 개인주의 성향이 확산되기 전에는 표절이 큰 문제가 되지 않았다"[6]는 견해와 더불어 이러한 현상은 "우리나라에서도 소수 지식인만이 제한된 책을 읽고 그것을 교양으로 누리던 시기에는 인용임을 밝히지 않더라도 표절로 보지 않았던 것과 크게 다르지 않다"[7]는 견해에서도 잘 드러난다. 곧 출판문화와 각종 매체가 오늘날처럼 발달하지 않았고 문맹률이 높았던 시기에는 예술적 표현물에 대한 욕구는 상대적으로 소수의 작품만 원천으로 해서 그것을 개선하고 세련되게 만들어 채울 수밖에 없었기 때문에, 개인주의가 확산되기 전에는 창의성 creatvity 을 독창성 originality 보다는 개량 improvement 으로 이해했으며, 따라서 표절을 일종의 '창조적 모방 creative imitation'으로 받아들였다는 것이다.[8]

요컨대, 지식 보호 전통이 서양에서는 권리와 의무라는 법체계로 발전되어왔다면, 우리나라를 비롯한 동양에서는 윤리체계로 발전되어왔다고 할 수 있다. 그런 점에서 아래와 같은 남형두 교수의 견해에 전적으로 동감한다.

우리나라도 과거에 지적 창작물을 재산권으로 보호해 권리·의무 관계의 규범으로 규율하는 제도가 없었음이 분명하다. 그러

저작권의 진화

나 역사가 오래되고 문화적 전통이 풍부한 우리나라에서 지적 창작물을 '내 것'과 '남의 것' 구별 없이 표절하는 행위를 용인했다면 찬란한 문화유산을 남길 수 없었을 것이다. 서양과 같은 배타적 권리로 보호되고 권리자 외에는 의무자로 규율하는 개인적 재산권 형식의 규범으로 자리 잡지는 않았지만, 사회윤리 또는 학문윤리로서 표절을 금지하는 윤리나 규범이 오랫동안 존재한 것은 분명하다. ……

우리나라를 비롯한 아시아 국가들이 문화적 전통이 오래되었는데도 서구적 관점에서 다른 사람의 지식과 저술을 보호하지 않고 함부로 가져다 쓰는 나라로 매도되는 것은 곤란하다. 이들 국가에서는 개인의 재산권이 아닌 사회의 윤리 또는 학문의 금도 같은 차원에서 다른 사람의 지적 창작물을 존중하는 문화가 있었기 때문이다. '권리보다는 윤리 Ethics Rather Than Rights'가 이들 국가의 지식 보호 문화를 이해하는 중요한 코드다.[9]

저작물 도둑질

오늘날 표절이란 한마디로 '저작물 도둑질'이라고 할 수 있다. 특히 글쓰기에 있어 남의 글을 마치 자기 글인 양 가장하는 행위가 대표적인 표절의 유형이다. 그리고 예술 활동의 방식으로 거론되는 모방, 패러디 parody, 오마주 homage, 샘플링 sampling 등의 용어와 '표절'의 근본적인 차이점은 원전을 밝혔느냐 아니면 무시했느냐 하는 부분에 있다. 표절은 원전이 분명히 따로 존재함에도 마치 자기가 최초로 창작한 것처럼 슬그머니 넘어가는 행위이기 때문이다. 최소한의 인용 원칙이라고 할 수 있는 출처 명시가 이루어지지 않음으로써 다른 사람의 저작 행위를 무시했다는 점에서 도덕적으로, 그리고 윤리적으로 비난받아 마땅한 행위가 바로 표절이다. 나아가 표절과 더불어 법적 책임이 부과되는 저작권 침해까지 저지른다면 최악의 결과를 피할 수 없을 것이다.

다음의 예시글 두 가지를 보면 그것을 표절했을 때 나타나는 결과를 예측할 수 있다. 하나는 저작권 침해 문제까지 이어지지는 않겠지만, 또 하나는 저작권 침해까지 성립하기 때문이다.

예시1

세월이 가면

지금 그 사람의 이름은 잊었지만
그의 눈동자 입술은
내 가슴에 있네

바람이 불고
비가 올 때도
나는 저 유리창 밖
가로등 그늘의 밤을 잊지 못하지

저작권의 진화

사랑은 가고

과거는 남는 것

여름날의 호숫가

가을의 공원

그 벤치 위에

나뭇잎은 떨어지고

나뭇잎은 흙이 되고

나뭇잎에 덮여서

우리들의 사랑이 사라진다 해도

지금 그 사람 이름은 잊었지만

그의 눈동자 입술은

내 가슴에 있어

내 서늘한 가슴에 있건만

예시2

빈 집

사랑을 잃고 나는 쓰네

잘 있거라, 짧았던 밤들아

창밖을 떠돌던 겨울안개들아

아무것도 모르던 촛불들아, 잘 있거라

공포를 기다리던 흰 종이들아

망설임을 대신하던 눈물들아

잘 있거라, 더 이상 내 것이 아닌 열망들아

장님처럼 나 이제 더듬거리며 문을 잠그네

가엾은 내 사랑 빈 집에 갇혔네

　위의 첫 번째 예시글은 우리나라 근·현대 문학사에 있어 모더
니스트 시인으로 알려졌지만 서른 살의 나이로 세상을 등진 박인
환朴寅煥, 1926~1956의 작품이다. 두 번째 예시글은 마찬가지로 요
절한 기형도奇亨度, 1960~1989 시인의 작품이다. 이미 살펴본 내용
을 바탕으로 어떤 점에서 이 두 작품이 표절 혹은 저작권 침해 문
제에서 차이를 나타내는지 생각해보자.

저작권의 진화

3. 지식에도 주인이 있다

_ 지식재산권의 등장과 법의 탄생

대량복제로 불거진 문제

우리가 흔히 문자文字라고 하는 '글'이 생겨나기 이전에 사람들은 오직 '음성音聲'과 '몸짓'만으로 서로의 생각을 주고받았을 것이라는 점은 이미 살펴본 바와 같다. 문자가 나타난 후에도 다양한 필사 매체가 등장하고 여러 문명이 여기저기서 생겨나는 동안 문자 복제술은 손으로 직접 베끼는 수준을 벗어나지 못했을 것이다. 동양의 목판 인쇄술 및 금속활자 발명에 이어 서양의 활판 인쇄술이 널리 쓰이게 됨으로써 15세기에 이르러 비로소 출판물 대량복제 시대가 열리면서 저작물을 복제copy할 수 있는 권리right로서의 '저작권copyright'이 생겨났기 때문이다.

일반적으로 '권리'란 "법에서 인정하는 힘"을 뜻한다. 이러한 권리에는 크게 보아 공권公權과 사권私權이 있는데, '공권'은 국가적 혹은 공익적 차원의 권리를 말하며, '사권'은 개인적 권리를 가리킨다. 그러므로 저작권은 저작자 개개인의 권리를 보호하기 위해 주어진 것이므로 '사권'에 해당한다. 사권은 또 '재산권'과 '인격권'으로 나눌 수 있는데, 개인의 재산적·경제적 이익을 보호하기 위한 재산권에는 민법에서 규정하고 있는 물권物權[10]과 채권債權[11]이 대표적이며 양도나 상속이 가능하다. 하지만 인격권은 개인의 인격적 이익을 보호하기 위한 것이므로 양도나 상속을 할 수 없다. 그런데 저작권에는 이러한 재산권과 인격권이 함께 포함되어 있어서 그것을 나누는 것이 어렵다.

또한 저작권은 물권이 유체물형태가 있는 물건을 대상으로 하는 것과는 달리 무체물형태가 없는 추상적인 것을 대상으로 한다는 점에서, 그리고 일반적인 소유권은 영구적인 데 비해 저작권은 보호기간이 한정되어 있다는 점에서 다르다. 그래서 저작권은 특허권 등과 함께 무체재산권 또는 지식재산권知識財産權, Intellectual Property 이라고 불리기도 하지만, 다른 점도 있다. 특허권·실용신안권·디자인권·상표권 등의 산업재산권은 그것이 개인의 권리 보호뿐만 아니라 일반 산업의 발전을 목적으로 하고 일정한 요건을 갖추어 특허청에 등록해야만 권리가 발생한다. 하지만, 저작권은 문화와 관련 산업의 향상 발전을 목적으로 하며 어떠한 절차나 요건이 필요하지 않고 오직 저작물의 창작과 동시에 권리가 발생한다는 점에서 그 성질이 다르다.

저작권의 진화

지적 활동에서 발생하는 권리

지식재산권에 관한 문제를 담당하는 국제연합의 전문기구인 세계지식재산권기구WIPO; World Intellectual Property Organization는 지식재산권이란 구체적으로 "문학·예술 및 과학 작품, 연출, 예술가의 공연·음반 및 방송, 발명, 과학적 발견, 공업디자인·등록상표·상호 등에 대한 보호 권리와 공업·과학·문학 또는 예술 분야의 지적 활동에서 발생하는 기타 모든 권리를 포함한다"고 정의하고 있다. 이러한 지식재산권에 대해 관련 개념을 바탕으로 자세하게 살펴보면 다음과 같다.[12]

발명

"자연법칙을 이용한 기술적 사상의 창작으로서 고도(高度)한 것"

이는 현재 시행되고 있는 우리나라 특허법 제2조 정의 규정에 나오는 내용으로, 여기서 설명하고 있는 것은 바로 '발명發明'이다. 특허법은 "발명을 보호·장려하고 그 이용을 도모함으로써 기술의 발전을 촉진하여 산업발전에 이바지함을 목적으로" 제정된 법률이다. 이러한 특허법에 따라 심사 과정을 거쳐 발명에 대한 특허권을 얻게 되면 "특허권을 설정등록한 날부터 특허출원일 후 20년이 되는 날까지" 영리를 목적으로 하는 사업으로서 특허발명을 실시할 권리를 독점할 수 있게 되며, 특허발명의 보호범위는 청구범위에 적혀 있는 사항에 의해 정해진다.

생각+ 출원과 실시

- 출원出願 : 특허 등을 받을 권리를 가진 사람이나 그 승계인이 권리를 받기 위해 정해져 있는 원서願書 곧 특허출원서를 작성하여 특허청장에게 제출하는 것
- 실시實施 : 물건의 발명인 경우에는 "그 물건을 생산·사용·양도·대여 또는 수입하는 행위"를, 방법의 발명인 경우에는 "그 방법을 사용하는 행위"를, 그리고 물건을 생산하는 방법의 발명인 경우에는 "그 방법에 의해 생산한 물건을 사용·양도·대여 또는 수입하는 행위"

곧 특허권을 얻으면 20년 동안 스스로 회사를 세워서 발명품을 제품으로 만들어 팔 수도 있고, 다른 사람에게 특허권을 빌려주어 사용료로열티를 받을 수도 있다는 뜻이다. 특허권자의 허락을 얻지 않고 발명품을 만들어 파는 사람이 있다면 그 사람은 특허권을 침해한 것이므로 국가로부터 처벌을 받거나 법에 따라 특허권자의 피해를 물어주어야 한다.

그렇다면 특허권을 얻을 수 있는 발명 또는 특허에 해당하지 않는 발명이란 무엇일까? 먼저 발명이란 말과 비슷하지만 본질적으로 그 뜻이 다른 '발견發見'에 대해 알아볼 필요가 있다. 발견은 "자연계에 이미 존재하는 물건이나 법칙을 단순히 찾아내는 것"

저작권의 진화

을 뜻한다. 발견한 사람의 창작성이 덧붙여져서 산업에 이용될 수 있는 것이 아닌 자연법칙 그 자체, 예를 들어 에너지보존법칙, 만유인력의 법칙 등은 발명이 될 수 없다는 뜻이다. 또 악기 연주법, 야구에서 투수가 공을 던지거나 타자가 공을 치는 특이한 방법 등은 개인이 열심히 연습하면 이룰 수 있는 것이어서 객관적 지식으로 다른 사람에게 전달되기 어렵다는 점에서 발명이 될 수 없다고 한다. 심미적 활동의 결과물인 예술품 창작 방법도 마찬가지다.

또한 산업에 이용할 수 없는 발명도 특허가 될 수 없다. 예를 들어, 개인적 또는 실험이나 학술의 목적에만 이용할 수 있고, 업으로서 반복하여 실시할 가능성이 없는 발명은 산업에서 이용할 수 없기 때문에 특허의 대상이 되지 못한다.

나아가 현실적으로 실시할 수 없는 것이 명백한 발명도 특허권을 얻을 수 없다. 이론적으로는 가능하지만 현실적으로는 불가능한 발명을 말하는데, 누군가 '오존층의 감소에 따른 자외선의 증가를 방지하기 위해 지구 표면 전체를 자외선 흡수 플라스틱 필름으로 둘러싸는 방법'에 대해 특허권을 달라고 한다면 어떨까?

또 다른 예로는 의료행위에 관한 발명도 특허의 대상이 될 수 없다. 곧 "인간의 질병을 진단, 처치, 경감, 치료, 예방하는 방법으로 이루어진 의료행위"는 특허권을 얻을 수 없다는 뜻이다. 하지만 직접적인 인간의 질병에 관한 의료행위가 아닌 그것에 사용되는 기계나 장치의 발명에는 특허권이 주어진다. 다음과 같은 법원의 판결 내용을 보면 쉽게 이해할 수 있다.

> "온구기 아픈 곳을 뜨겁게 뜸질하는 기구를 사용하여 사람의 등 부위의 경혈과 배 부위의 경혈을 자극하는 방법에 관한 특허출원이, 사람의 질병을 치료, 경감하고 예방하거나 건강을 증진시키는 의료행위에 관한 것이고, 인체를 필수 구성요소로 하고 있는 것으로서 산업에 이용할 수 있는 발명이라 할 수 없어 특허의 대상이 될 수 없다."
>
> – 특허법원 2005. 6. 23. 선고 2004허7242 판결, 상고

> "모발의 웨이브 방법에 관한 발명은 인체를 필수 구성요소로 하고는 있지만 의료행위가 아니라 미용행위에 해당하므로 산업상 이용할 수 있는 발명에 속한다."
>
> – 특허법원 2004. 7. 15. 선고 2003허6104 판결, 확정

그 밖에 "공공의 질서 또는 선량한 풍속에 어긋나거나 공중의 위생을 해칠 우려가 있는 발명"도 특허를 받을 수 없다.

한편, 특허권의 중요한 요건은 이른바 '신규성' 또는 '진보성'에 있다. 즉, 특허제도는 기술을 공개한 대가로 독점권이 있는 권리를 부여하는 것이므로, 이미 알려진 기술에 대하여는 특허권을 주지 않는다. 곧 특허로 출원된 발명이 이미 알려진 기술로부터 쉽게 끄집어낼 수 있는 창작일 경우에는 특허를 받을 수 없다는 뜻이다. 이러한 것들은 심사 과정에서 전문가들이 가려내게 된

다. 이상의 내용을 요약하면 특허권의 대상이 되는 발명은 산업에 이용할 수 있어야 하며 산업상 이용가능성, 출원하기 전에 이미 알려진 기술이 아니어야 하고 신규성, 선행기술과 다른 것이라 하더라도 그 선행기술로부터 쉽게 생각해 낼 수 없는 것 진보성이어야 한다. 그리고 국제출원을 하게 되면 다른 나라에서도 특허권을 행사할 수 있다.

특허출원 심사절차

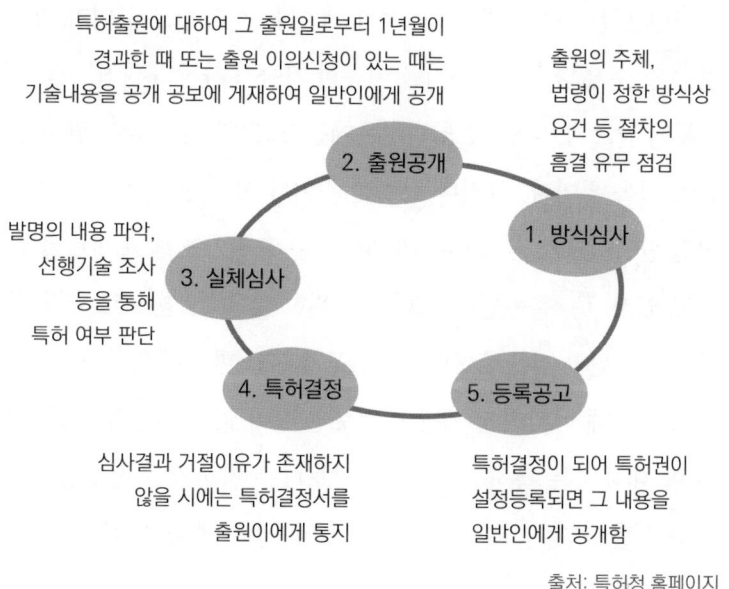

특허출원에 대하여 그 출원일로부터 1년 6월이 경과한 때 또는 출원 이의신청이 있는 때는 기술내용을 공개 공보에 게재하여 일반인에게 공개

출원의 주체, 법령이 정한 방식상 요건 등 절차의 흠결 유무 점검

2. 출원공개

1. 방식심사

발명의 내용 파악, 선행기술 조사 등을 통해 특허 여부 판단

3. 실체심사

4. 특허결정

5. 등록공고

심사결과 거절이유가 존재하지 않을 시에는 특허결정서를 출원인에게 통지

특허결정이 되어 특허권이 설정등록되면 그 내용을 일반인에게 공개함

출처: 특허청 홈페이지

고안

"자연법칙을 이용한 기술적 사상의 창작"

이 설명은 우리나라 실용신안법 제2조 정의 규정에 나오는 내용으로 '고안考案'을 가리킨다. 실용신안법은 "실용적인 고안을 보호·장려하고 그 이용을 도모함으로써 기술의 발전을 촉진하여 산업발전에 이바지함을 목적으로" 제정된 법률이다. 이러한 실용신안법에 따라 심사 과정을 거쳐 고안에 대한 실용신안권을 얻게 되면 "실용신안 등록출원일 후 10년이 되는 날까지" 영리를 목적으로 하는 사업으로서 실용신안권을 독점할 수 있게 된다.

그런데 설명을 보면 앞의 '발명'에 대한 것과 별로 차이가 없는 것을 알 수 있다. "자연법칙을 이용한 기술적 사상의 창작"이라는 부분이 같으며, 다만 발명의 경우에는 '고도한 것'이라는 말이 덧붙어 있을 뿐이다. 그러나 고도한 것이냐 아니냐 하는 것은 주관적인 판단이므로 심사 실무에 있어서는 출원인에게 그 판단을 맡기고 있다. 즉, 출원인이 특허로 출원한 것은 '발명'으로, 실용신안으로 출원한 것은 '고안'으로 보고 심사를 한다는 뜻이다.

쉽게 말해 아직까지 세상에 선보인 적이 없는 매우 뛰어난 '발명'에 대해서는 특허권을 주고, 그보다는 약하지만 산업발전에 도움이 될 만한 '작은 발명' 즉, 기술의 '고안'에 대해서는 실용신안권을 준다고 생각하면 된다. 좀 더 쉽게 말해서 실용신안은 "이미 발명된 것을 응용하여 더 편리하고 유용하게 개량한 것에 주어

저작권의 진화

지는 권리"인 셈이다. 예를 들어, '연필'이 발명으로서의 특허에 해당한다면 '지우개 달린 연필'은 실용신안이 된다고 보면 된다.

디자인

"물품의 형상·모양·색채 또는 이들을 결합한 것으로서
시각을 통해 미감(美感)을 일으키게 하는 것"

여기서 설명하고 있는 것은 바로 '디자인'이다. 이는 "디자인의 보호와 이용을 도모함으로써 디자인의 창작을 장려하여 산업발전에 이바지함을 목적으로" 제정된 디자인보호법 제2조 정의 규정에 나오는 내용으로, 여기에는 "기록이나 표시 또는 인쇄 등에 사용하기 위해 공통적인 특징을 가진 형태로 만들어진 한 벌의 글자꼴 숫자, 문장부호 및 기호 등의 형태 포함"로서의 '글자체'도 포함된다. 여기서 말하는 '형상'이란 물품이 공간을 차지하고 있는 윤곽을 말하는데, 모든 디자인에는 이러한 형상이 반드시 나타나 있게 마련이다. 또 '모양'이란 물품을 평면적으로 보았을 때 점이나 선 등의 회화적 요소를 두루 갖춘 것으로 겉에 나타나는 도안, 선도, 색 구분, 색 흐림 등을 가리킨다.

결국 디자인보호법으로 보호되는 디자인은 형상·모양·색채 또는 이들을 결합한 것이 물품에 표현되어 있어야 하므로, 이러한 디자인권의 대상이 되는 디자인은 물품의 겉모습을 구성하며, 따라서 물품을 떠나서는 존재할 수 없는 권리라고 할 수 있다. 그리고 디자인을 등록 출원하여 심사 과정을 거쳐 주어지는 디자인권은 "설정등록한 날부터 발생하여 디자인 등록출원일 후 20년이 되는 날까지" 행사할 수 있다. 이러한 디자인권의 보호범위는 디자인등록출원서의 기재사항 및 그 출원서에 첨부한 도면·사진 또는 견본과 도면에 기재된 디자인의 설명에 표현된 디자인에 의해 정해진다.

하지만 다음과 같은 디자인은 디자인권을 얻을 수 없다.

- 국기, 국장國章, 군기軍旗, 훈장, 포장, 기장記章, 그 밖의 공공기관 등의 표장과 외국의 국기, 국장 또는 국제기관 등의 문자나 표지와 동일하거나 유사한 디자인
- 디자인이 주는 의미나 내용 등이 일반인의 통상적인 도덕관념이나 선량한 풍속에 어긋나거나 공공질서를 해칠 우려가 있는 디자인
- 타인의 업무와 관련된 물품과 혼동을 가져올 우려가 있는 디자인
- 물품의 기능을 확보하는 데에 불가결한 형상만으로 된 디자인

상표

"자기의 상품과 타인의 상품을 식별하기 위해 사용하는 표장(標章)"

저작권의 진화

여기서 설명하고 있는 것은 바로 '상표商標'로, "상표를 보호함으로써 상표 사용자의 업무상 신용 유지를 도모하여 산업발전에 이바지하고 수요자의 이익을 보호함을 목적으로" 제정된 현행 상표법 제2조 정의 규정의 내용이다. 이를 좀 더 구체적으로 설명하면 "상품을 생산·가공·증명 또는 판매하는 것을 업으로 삼은 사람이 자기 업무와 관련된 상품을 다른 사람의 상품과 구별하기 위해 사용하는 기호·문자·도형·소리·냄새·입체적 형상이나 홀로그램·동작 또는 색채 등으로서 그 구성이나 표현방식에 상관없이 상품의 출처出處를 나타내기 위해 사용하는 모든 표시"를 말한다. 여기서 "상품을 생산·가공·증명 또는 판매하는 것을 업으로" 삼았다는 것은 계속적으로 또는 반복적으로 일정한 사업을 유지하는 것을 말하지만, 반드시 영리를 목적으로 해야 한다는 뜻은 아니므로 비영리법인이나 자선단체 운영자도 상표권을 얻을 수 있다. 그리고 이러한 상표권은 "설정등록이 있는 날부터 10년" 동안 보호되며, '존속기간갱신등록신청'에 의해 10년씩 갱신할 수 있다. 아울러 등록상표의 보호범위는 상표등록출원서에 적은 상표 및 기재사항에 따라 정해진다.

결국 상표는 '상품'에 '사용'되는 것이다. 여기서 '상품'은 대법원 판결에 따르면 "그 자체가 교환가치를 가지고 독립된 상거래의 목적물이 되는 물품"이다. 따라서 전기, 열, 빛, 향기와 같은 무체물, 특허권과 같은 권리, 부동산, 개인이 소장하고 있는 골동품, 법적으로 거래가 금지되는 마약, 음식점에서 제공되는 요리나 견본과 같이 유통될 수 없는 물품 등은 상품이라고 할 수 없다. 하지만 산소, 수소, 천연가스 등 그 자체는 무체물이라고 하더라도 이것들이 용기에 담겨 거래 대상이 되는 경우이거나, 다운로드할 수 있는 컴퓨터소프트웨어와 같이 유체물인지 그렇지 않은지 애

상표의 종류

문자상표	한글·한자·로마자·외국어·숫자 등의 문자로 구성된 상표
입체상표	상품, 상품의 포장이나 광고 자체의 입체적인 형상을 도안화한 것 또는 기하학적 도형으로 구성된 상표
결합상표	기호·문자·도형·입체적 형상 중 두 가지 이상을 결합하거나 이들 각각에 색채를 결합하여 구성한 상표
색채상표	색채만으로 구성된 상표는 인정되지 않으므로 기호·문자·도형·입체적 형상 또는 이들을 결합한 것에 색채를 가미한 상표

상표와 함께 쓰이는 유사한 용어들

단체표장	상품을 생산·제조·가공·판매하거나 서비스를 제공하는 자가 공동으로 설립한 법인이 직접 사용하거나 그 소속 단체원에게 사용하게 하기 위한 표장
지리적 표시	상품의 특정 품질·명성 또는 그 밖의 특성이 본질적으로 특정 지역에서 비롯된 경우에 그 지역에서 생산·제조 또는 가공된 상품임을 나타내는 표시
증명표장	상품의 품질, 원산지, 생산방법 또는 그 밖의 특성을 증명하고 관리하는 것을 업으로 하는 자가 타인의 상품에 대하여 그 상품이 품질, 원산지, 생산방법 또는 그 밖의 특성을 충족한다는 것을 증명하는 데 사용하는 표장
업무표장	영리를 목적으로 하지 아니하는 업무를 하는 자가 그 업무를 나타내기 위하여 사용하는 표장

매한 경우에도 실제로 거래가 이루어지고 있다면 상표법에서 말하는 상품이 될 수 있다. 아울러 상표의 '사용'이란 "상품 또는 상품의 포장에 상표를 표시하는 행위", "상품 또는 상품의 포장에 상표를 표시한 것을 양도 또는 인도하거나 양도 또는 인도할 목적으로 전시·수출 또는 수입하는 행위" 그리고 "상품에 관한 광고·정가표·거래서류, 그 밖의 수단에 상표를 표시하고 전시하거나 널리 알리는 행위"를 가리킨다.

영업비밀

"공공연히 알려져 있지 아니하고 독립된 경제적 가치를 가지는 것으로서, 합리적인 노력에 의하여 비밀로 유지된 생산방법, 판매방법, 그 밖에 영업활동에 유용한 기술상 또는 경영상의 정보"

여기서 설명하고 있는 것은 "국내에 널리 알려진 타인의 상표·상호商號 등을 부정하게 사용하는 등의 부정경쟁행위와 타인의 영업비밀을 침해하는 행위를 방지하여 건전한 거래질서를 유지함을 목적으로" 제정된 '부정경쟁방지 및 영업비밀보호에 관한 법률' 제2조 정의 규정에서 다루고 있는 '영업비밀'이다. 따라서 이러한 영업비밀을 제3자가 부당한 방법으로 유출하거나 이용하는 행위는 벌칙과 함께 손해배상을 해야 하는 범죄가 된다.

이상에서 살펴본 특허권, 실용신안권, 디자인권, 상표권 등을 지식재산권 중에서도 일반적으로 산업재산권이라고 한다. 이러한 산업재산권은 앞서 특허권에서 살펴본 것처럼 '출원 → 심사 → 출원공개 → 결정 → 등록' 등의 과정을 거치게 된다. 그리고 이러한 산업재산권 취득을 위한 업무를 대행해 주는 전문직업인을 가리켜 '변리사'라고 한다.

여기서 '산업재산권 등록'이란 산업재산권특허권·실용신안권·디자인권·상표권에 관한 권리의 발생·변경·소멸, 그 밖의 산업재산권에 대한 일정한 사항을 특허청장의 직권이나 당사자의 신청 또는 법원 등 국가기관의 촉탁에 의해 특허청에 비치한 등록원부에 기재하는 것 또는 기재된 사항을 모두 가리키는 말이다. 아울러 '등록원부'란 특허청장이 산업재산권 및 그에 관한 권리에 대해 법령에서 정하는 소정의 등록사항을 기재하기 위해 주무부처인 특허청에 비치하는 공적 장부를 말한다.

저작물

"인간의 사상 또는 감정을 표현한 창작물"

이는 '저작물'에 대한 설명이다. "저작자의 권리와 이에 인접하는 권리를 보호하고 저작물의 공정한 이용을 도모함으로써 문화 및 관련 산업의 향상 발전에 이바지함을 목적으로" 제정된 저작권법 제2조에서 규정하고 있는 것으로, 앞에서 살펴본 산업재산권과의 가장 큰 차이점이라면 저작권법의 보호를 받는 저작물이

저작권의 진화

되기 위해 반드시 등록해야 할 필요가 없다는 것이다. 즉, 산업재산권은 특허청이라는 기구를 통해 심사를 받고 등록이 완료되어야만 권리가 발생했지만, 저작물의 경우에는 '창작과 동시에' 저작권이 발생하므로 별도의 절차를 이행할 필요가 없다는 뜻이다. 이와 관련하여 저작권법에서는 "저작권은 저작물을 창작한 때부터 발생하며 어떠한 절차나 형식의 이행을 필요로 하지 아니한다"라고 규정하고 있는데, 앞으로 우리는 이러한 저작물과 저작권에 대해 자세히 살펴보게 된다.

오늘날 우리가 사는 세상은 온갖 지식과 정보를 바탕으로 발전하고 있다. 이러한 지식과 정보는 새로운 아이디어를 통한 창의적인 활동의 결과물들이라고 할 수 있는데, 그 경제적 가치가 점점 높아지고 있다. 그리하여 오늘날에는 '지식재산권'이란 걸 만들어 적극 보호하기에 이르렀다. 저작권은 바로 이런 지식재산권 중 하나다.

결국 지식재산권은 특허권, 실용신안권, 디자인권, 상표권 등으로 이루어진 산업재산권과 저작권으로 나뉜다. 산업재산권이 일반 산업의 발전을 도모할 목적으로 주어지는 권리라면 저작권은 일반 산업보다는 문화와 그것을 둘러싸고 있는 관련 산업의 향상과 발전을 위해 주어지는 권리라는 점에서 다를 뿐이다.

지식재산권 체계도

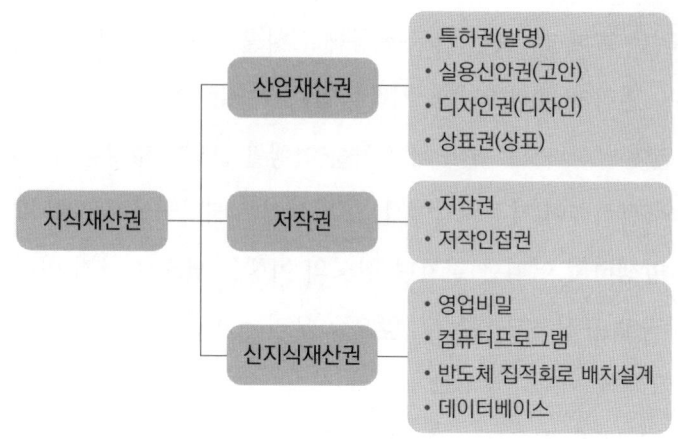

인쇄업자와 출판업자의 이익에서 출발

저작권을 보호해야 한다는 사상이 맨 처음 싹튼 유럽에서는 필사본 시대에서부터 인쇄업자 및 출판업자의 이익이 중시된 초기 인쇄 사회가 형성된다. 그 뒤를 이어 출판 활동이 국왕이나 영주의 비호 아래 특권을 인정받았던 출판특허 시대를 거쳐 드디어 저작자의 권리에 초점을 맞추기 시작한 정신적 소유권설 시대, 나아가 무체재산권설이나 저작자 인격권설이 대두된 시대를 지나 오늘날의 보편적인 저작권 제도가 정착된 시대로 발전해왔다.

하지만 초기에는 저작자 개인의 권리로서의 저작권은 중요하게 여겨지지 않았다. 필사본 시대에는 손이 많이 가는 필사 노동 자체가 원저작자의 정신적 창작에 대한 노고를 무시한 채 이루어

저작권의 진화

졌으며, 또한 그 필사의 대상이 된 것은 대부분 고전이나 성서였으므로 그 저작자의 권리 보호가 문제 되는 일은 없었을 것이다. 15세기 중엽 구텐베르크의 인쇄기가 발명되었을 때에도 인쇄 대상은 고전이나 성서였으므로 저작자의 정신적 활동에까지 생각이 미치지 못하는 시대가 여전히 이어졌다. 그러나 그들이 이용한 인쇄술은 수작업을 기계 작업으로 전환시키는 등 놀라운 발전을 이루었고, 마침내 대량복제를 가능하게 만들었다.

애초에 인쇄술 발명은 르네상스[13]가 절정에 이른 시기와 맞아떨어졌고 그 당시 높아진 고대에 대한 관심은 고전 출판을 촉진시켰는데, 이것이 유럽 전역에 퍼진 인쇄 기술과 결합하게 된다. 거기서 발생한 것이 출판물 판매량에 따른 인쇄출판업자의 위험 부담이 커질 수밖에 없다는 점과 함께 고전의 원본 발견 및 정리 등에 따르는 노력에 대한 대가를 인정해 주는 문제였다. 이에 인쇄출판업자의 이익을 보호하기 위해 국왕이나 영주가 인쇄출판의 특권을 보장하는 출판특허제도가 탄생했고, 이는 인쇄출판업자의 이익을 지키는 것에만 그치지 않고 국왕 또는 영주로 하여금 서적 등에 대한 검열 제도를 시행하게 만들었다.

이러한 출판 특허와 검열의 연계는 유럽 여러 나라에서 나타났다. 프랑스에서는 검열제도가 종교개혁 운동에 대비해 일찍이 도입되었다. 종교개혁으로 촉발된 종교전쟁 후 국왕의 특허가 파리의 서적상회조합에 위탁되면서 조합에 의한 검열을 거친 출판 허가와 출판특권이 밀접한 관련을 맺게 된다. 이에 지방의 인쇄출판업자들은 파리 서적상회조합이 가진 특권에 불만을 품었고, 이 같은 다툼 끝에 파리 서적상회조합은 "출판 독점은 왕이 부여하는 출판특권보다도 오히려 원래 저작자가 저작물에 대해 갖는 정신적 소유권의 양도에 의한 것"이라는 주장으로 바꾸기 시작했다. 이는 곧 인쇄출판업자 스스로 저작자가 저작물에 대한 원천적인 권리를 가졌음을 인정하는 것이나 다름없었으므로 1789년 프랑스혁명에 의해 국왕의 권위가 소실된 뒤에는 저작자의 권리만이 온전히 남게 되었다.

영국에서도 이 같은 양상은 비슷했는데 그 결과 도서출판업조합에서 국회에 낸 청원을 계기로 제정된, 세계 최초의 저작권법으로 알려진, 1709년 '앤여왕법 The Statute of Anne'[14]이라는 열매를 맺게 된다. 그리하여 비로소 저작자에게 '복제권 copyright'이라는 권리가 주어지고, 이 권리를 양도받아 출판한 출판업자에게는 그 출판물에 대해 14년간 독점권이 주어졌다.

그런데 이 법은 문서저작물에 국한된 것이어서 1735년에는 미술가들의 요청에 따라 '조각가법 Engraver Act'이 영국에서 제정되었고, 프랑스에서는 1791년에 공연권을 부여하는 '저작권령 Copyright Decree'이, 1793년에는 저작자에게 배타적 복제권을 부여하는 저작권령이 제정되었다. 그 후 미국에서는 1790년에 연방저작권법이 제정되었다. 독일에서는 1794년에 프러시아 민법전에 저작권에 관한 규정을 포함시켰고, 러시아에서는 1830년의 민법전에 이를 포함시켰다.

저작권의 진화

이처럼 초창기 저작권은 많은 나라에서 불안정한 보호를 받고 있었고, 규정 또한 다양한 방식으로 적용되고 있었기 때문에 일반적인 국제조약을 체결하기 바라는 움직임이 생겨나게 되었다. 특정 국가끼리의 조약 체결 사례도 있었지만, 그 효력이 당사국 사이에만 미쳤기 때문에 일반적 국제조약의 체결이 필요했던 것이다.

일반적인 국제조약을 체결하여 저작자를 국제적·통일적으로 보호하기 위해 최초로 활동을 벌인 것은 당시 문호이자 정치가였던 '빅토르 위고'를 명예회장으로 삼아 1878년 만국박람회 중 파리에 설립된 '국제문학예술협회'였다. 이 협회는 준비 작업을 거쳐 일반적 조약 체결을 위한 회의 장소로, 앞서 설립된 공업소유권 동맹의 상설 사무국과 이미 우편 또는 전신의 연합사무국이 자리 잡은 스위스의 베른을 지정하여 스위스 정부에 이러한 취지를 알리게 된다. 그 결과 스위스 정부는 1884년 독일, 프랑스, 영국 등이 모이는 각국 외교회의를 소집했고, 1885년 제2회 베른회의를 거쳐 1886년 '베른협약[15]'이 10개국이 모인 가운데 조인됨으로써 1887년 12월 발효되었다.

베른협약은 모든 국가를 대상으로 개방되어 체결국 모든 국민에게 내국민 대우를 부여하며, 국제 관계에서 항상 문제로 인식되었던 번역권은 저작권에 귀속됨을 명확하게 밝히는 등 매우 진보적인 내용을 담고 있었다. 그 후 1952년에는 국제연합 산하 유네스코UNESCO의 주도로 '세계저작권협약' UCC; Universal Copyright

Convention이 성립되어 이 두 협약은 저작권의 국제적 보호를 위한 양대 산맥과 같은 기능을 하고 있다.

아시아로 넘어 온 '복제권'

영어로 '저작권'은 'copyright'이다. 직역하면 '복제권'이라고 해야 할 텐데 왜 '저작권'이라고 하는 걸까? 그리고 우리는 언제부터 '저작권'이란 용어를 썼을까?

동양에서는 일본이 1869년에 출판조례를 공포한 것이 저작권에 관한 첫 번째 입법조치인 것으로 추정된다. 그 후 출판법과 판권법이 시행되다가 1899년 처음으로 근대적인 저작권법을 제정하게 된다. 일본의 근대화에 가장 큰 영향을 끼친 지식인 집단은 1873년 10명의 서양 전문가들이 창설한 '메이로쿠샤明六社'였다. 이들은 매월 두 번씩 모여 정치, 경제, 교육, 종교, 일본어, 여성의 권리 등의 주제를 놓고 열띤 토론을 벌였다고 한다. 그리고 자신들의 견해를 널리 알리기 위해 1874년에 잡지《메이로쿠잡지明六雜誌》를 창간한다.

이러한 메이로쿠샤의 지도적 인물이 바로 "일본 근대화의 아버지"로 불리는 '후쿠자와 유키치福澤諭吉'였다. 그는 여러 차례 서양에 다녀왔으며,『서양사정西洋事情』이라는 저서를 발간함으로써 그는 당대 최고의 서양 전문가로 알려졌다. 그는 순수한 학자라

저작권의 진화

기보다는 대중적 지식인이었고, 동시에 저널리스트로서 당대 일본인들에게 큰 영향을 끼쳤다. 또 1872년에서 1876년 사이에 집필한 『학문의 권유學問のすすめ』라는 책은 당시 엄청난 대중적 인기를 끌어 350만 부 이상 팔렸다고 한다. 이러한 후쿠자와 유키치가 1873년 7월 15일 자로 작성한 문헌에서 다음과 같이 적고 있다.

'카피라이트'는 이전에 출판관허出版官許[16]라 번역했지만 이 단어는 적절하지 않다. '카피copy'는 옮기는 것을 뜻하고 '라이트right'는 권리를 뜻한다. 즉 저술자가 책을 저술한 뒤 이를 옮겨 판본으로 만들고 당사자가 자유롭게 취급하여 다른 사람이 이를 복제할 수 없게 하는 권리이다. 이 권리를 얻은 자를 '카피라이트'를 얻은 자라 칭한다. 그러므로 '카피라이트'라는 단어는 출판특권, 혹은 이를 줄여서 판권版權이라고 번역해야 할 것이다. 일본인의 생각대로 이 책을 저술하는 데 지장이 없고, 어떠한 일을 적음에 있어서도 남이 꺼려하고 싫어하는 내용으로 비위를 거스르는 일이 없는 한 정부에서 그 출판을 허가하는 취지와는 다르다. 책을 쓰고 사건을 기술함은 그 사람의 견해에 따라 자유로이 할 수 있으며 타인의 저술을 훔치는 것이 아니라면 조금이라도 지장이 될 것이 없다. 단지 정부의 직분은 약속대로 위판偽版을 막는 것뿐이다.[17]

여기서 알 수 있는 것처럼, 후쿠자와 유키치는 카피라이트라는 말을 처음에는 '장판藏版 면허'라고 번역했으나, 이후 '출판권' 혹은 줄여서 '판권'이라 번역하는 것이 낫다고 여기고 판권이라는 단어를 제창했다. 그 결과 1875년 출판조례에는 법조문상 저작자, 번역자의 권리를 '판권'이라고 한다는 점이 분명하게 규정되어 있으며, 그 후 일본에서 더 이상 판권이라는 말이 법률 용어로 사용되지 않게 된 이후에도 일반에 널리 퍼져 사용되었을 뿐만 아니라, 오늘날에도 쉽게 들을 수 있을 만큼 흔한 단어가 되었다. 특히 한국에 유입된 '판권'이란 용어는 '저작권'을 뜻하는 말로 널리 쓰여 심지어는 음반 발행이나 영화 제작에 있어서도 '저작권'보다 더 널리 쓰이는 형국이 되고 말았다.

그렇다면 '저작권'이란 용어를 맨 처음 사용한 사람은 누구일까? 먼저 일본 구저작권법의 입안자로 알려진 미즈노 렌타로水野鍊太郎, 1868~1949 라는 설이 있다. 요시무라 타모츠吉村保의 저서 『발굴 일본저작권사 發掘 日本著作權史』1993년에 따르면 '미즈노 렌타로'가 줄곧 "저작권이라는 말은 새로운 말로 저작권법을 편성할 때에 정말 내가 만든 말이다, 판권이라 부르는 것은 뜻의 폭이 너무 좁기 때문에 작년1904년 법률 개정 때 저작권이라는 명칭을 제안했다, 일본에서도 처음 있는 일이어서 그 명칭 또한 무엇이라고 붙이면 좋을지 꽤 머리를 짜냈다. 저작권이라는 명칭 역시 이때 처음 만들었다"고 말한 것으로 알려졌다.

하지만 구라다 요시히로倉田喜弘의 저서 『저작권사화著作權史話』 1983에 따르면, 1883년 9월 10일부터 스위스 베른에서 개최된 국제문학예술협회에서 발의한 베른협약 초안과 의사록을 스위스 정부가 세계 각국에 송부하면서 대표의원의 파견을 요청하게 된다. 이와 관련하여 스위스 정부는 1884년 3월 26일, 일본 정부의 외무대신, 문부대신, 내무대신, 그리고 농상무대신 앞으로 그 의견을 조회하는 공문을 보내왔으며, 이때 같은 해 5월 16일자로 회신한 농상무성 답변서에 "이 나라는 아직 미술상의 저작권을 보호하는 법"이 없기 때문에 스위스 정부에서 제안한 '베른협약'에 가맹하는 것은 '사절謝絶'할 수밖에 없다는 표현이 나온다고 한다. 여기서 '저작권'이란 말이 처음 사용되었다는 것이다. 이후 저작권 관련 국제회의에 일본 대표로 참석하는 사람들의 보고서에서 자연스럽게 '저작권'이란 용어가 사용된 것이지, 미즈노 렌타로가 처음 만들어 낸 말은 아니라는 반론인 셈이다.

아울러 신문 보도기사에도 1887년에 이미 '저작권'이란 말이 사용된 것으로 나타난다. 1887년 메이지 20년 4월 19일자 《메사마시신문めざまし新聞》에 "문학 및 기예상 저작권 보호조약 확정 회의"라는 제목으로 "베른회의에 위원으로서 참가한 외무성 서기관 쿠로가와 세이치로 씨가 이번 회의의 의결보고서를 이노우에 외무대신에게 송달했기 때문에 현재 번역 중"이라는 내용의 기사가 실렸음이 확인되고 있다.

이러한 여러 가지 정황을 토대로 살펴볼 때 '저작권'이란 용어는 어느 특정인이 창안한 것이라기보다는 관계자들의 회의 과정에서 누군가에 의해 제안된 것이 자연스럽게 쓰인 결과로 추정된다. 나아가 1887년에 제정된 판권조례, 1893년에 제정된 판권법 등의 용례와 맞물려 혼용되었을 가능성이 높으며, 1903년 10월에 조인된 일본과 청나라 사이의 '추가통상항해조약'에서 일본어의 '판권'이 중국어로는 '인서지권印書之權'으로 번역됨으로써 이때는 '저작권'이라기보다는 '출판권'을 뜻했던 것으로 보인다.[18]

우리나라에서의 저작권법

우리나라의 경우 인쇄술 발명에 있어서는 독일의 구텐베르크 보다 훨씬 앞섰지만, 대개의 동양권 국가에서처럼 인쇄 또는 출판을 국가기관이 직접 맡아 진행했기 때문에 저작물에 대한 권리의식이 발생할 여지가 거의 없었다. 조선 말기인 1883년에 와서는 근대식 인쇄소인 박문국博文局이 설립되어 인쇄를 전담하다가 1884년 갑신정변으로 박문국이 폐지되자 인쇄가 일반화되어 개인도 출판을 할 수 있게 되었지만, 이 시기에도 저작권 의식은 일어나지 못했다. 20세기에 들어와서야 한반도를 강제로 점령한 일본인들의 요청에 따라 1908년에 한국저작권령을 명치칙령 200호로 공포하여 예전 일본 저작권법을 그대로 빌려 쓰게 되었다.

그 후 1910년에는 일본의 명치칙령 338호로서 한국저작권령을 폐지함과 동시에 일본 저작권법을 바로 우리나라에 시행토록 했으나, 1911년에 일본에 합병됨으로써 조선총독부 제령 1호로서 다시 일본 저작권법을 빌려 쓰게 된다. 1945년 광복 이후에도 미군정법령 제21호에 따라, 또한 1948년 정부 수립 이후에는 제헌헌법 제100조에 따라 일본 저작권법을 계속 써오다가 1957년에 와서야 우리 고유의 저작권법을 제정, 시행하기에 이르렀다.

이처럼 우리나라에서 공표된 저작권 관련 법제의 초기 동향을 요약하면 다음과 같다.

- 1908년 **한국저작권령**
- 1910년 **저작권법을 조선에 시행하는 데 관한 건**
- 1911년 **조선총독부 제령 1호**
- 1945년 **조선 미국육군사령부군정청 법령 제21호**
- 1948년 **대한민국 헌법** 제헌헌법
- 1957년 **저작권법**

그런데 1957년에 제정된 저작권법은 1960년대와 1970년대를 거치면서 급격히 발달한 과학기술에 힘입어 저작물의 종류와 이용 형태가 복잡화하는 등의 변화하는 국내외적 현실에 대처하기에는 미흡한 데가 많았고, 문화 창달을 지향한다는 관점에서도 너무 낡았다는 지적이 많았다. 그리하여 10년 이상 개정 작업을 거쳐 1986년 12월 저작권법 개정 법률안이 국회를 통과함으로써 1987년 7월 1일부터 새 저작권법이 효력을 갖게 되었다. 한편, 1985년 10월에 열린 한미통상협상에서 미국은 한국이 미국인의 지식재산권에 대한 보호를 철저하게 해줄 것을 강력하게 요구함으로써 1986년 7월 21일에 협상 합의 형식으로 미국 측 요구를 수락하게 되어 마침내 저작권법 전면 개정과 함께 세계저작권협약에도 가입하게 된다. 그 결과 1987년 10월 1일부터 외국 저작물이 우리나라에서도 보호를 받게 되었다.

그 후로도 변화의 물결은 거세게 불어왔다. 가장 큰 영향을 미친 것은 우루과이라운드의 타결이었다. 이렇게 국제적인 저작권 환경이 급변함에 따라 취해진 첨단 저작물에 대한 권리 침해의 문제가 계속 제기되었다. 따라서 국내법에도 개선의 손길이 미치게 된다. 또한 우루과이라운드의 타결로 결성된 세계무역기구WTO 체제 내의 지식재산권에 관한 협정TRIPs이 1995년 1월 1일 발효되고, 국내에서는 1996년 1월 1일을 기해 발효됨에 따라 우리 저작권법과 WTO/TRIPs 사이의 모순을 제거하고 미국 등 선진국들과의 통상 협상에서 합의되었던 사항들을 반영하는 의미에서 외국 저작물의 소급 보호를 주요 내용으로 하는 법률 개정이 또다시 이루어지게 되었다. 아울러 인터넷의 보편화 등 신기술을 반영한 새로운 저작권법 개정안이 각각 국회를 통과하여 2000년 7월, 2005년 1월부터 효력을 발생했으며, 2007년 6월 29일에는 전부 개정된 새로운 저작권법이, 그리고 2009년 7월 31일에는 컴퓨터프로그램보호법과 통합 등을 통해 일부 개정된 저작권법이 발효됨으로써 새로운 저작권 환경을 구축하게 되었다.

그리고 이러한 저작권 환경의 변화는 여전히 진행 중이다. 특

　　　　　　　　　　　　　　저작권의 진화

히 2011년에는 6월 개정에 이어 12월에 또 개정 저작권법이 발효되었는데, 이는 유럽연합EU 및 미국과의 자유무역협정FTA이 연달아 비준됨에 따라 불가피한 조치였다. 이로써 저작재산권의 보호기간이 저작자 사후 또는 저작물 공표 후 50년에서 70년으로 늘어나고, 배타적발행권이라든가 공정이용에 관한 조항이 새로 생겨나는 등 저작권법의 내용이 많은 변화를 겪게 되었다. 최근에는 인공지능AI을 활용한 저작물에 대한 논란과 함께 관련 법개정 논의가 활발하게 일어나고 있다.

 우리나라가 가입한 저작권 관련 국제조약[19]

- 세계저작권협약
- 세계무역기구 지식재산권협정
- 세계지식재산권기구 저작권조약
- 세계지식재산권기구 실연·음반조약
- 음반협약
- 베른협약
- 로마협약

3장.   대중매체 시대

: 사진-영화-디지털과 저작권의 만남

생각은 무엇일까?

• 저작물을 창작한 사람에게 저작권을 부여하고 법으로 보호하는
  이유는 무엇일까?

• 저작자에게 재산권과 별도로 인격권까지 부여한 이유는 무엇일까?

• 직접적인 저작물 창작자가 아닌 사람들에게도 저작인접권을 인정하여
  보호하는 이유는 무엇일까?

• 디지털 미디어 시대에 저작권이 더욱 중요해지는 이유는 무엇일까?

1. 창작물의 주인은 누구인가

_ 저작권의 정의

창의적 표현활동의 장려

21세기는 온갖 지식을 기반으로 하는 '정보화시대'라고 할 수 있다. 이러한 지식 및 정보는 지적^{知的}이고 창의적인 활동의 결과물들로서 그 가치가 점점 높아지고 있다. 그리하여 오늘날에는 '지식재산권'을 적극 보호하고 있으며, 이러한 지식재산권 중 하나인 '저작권^{著作權, copyright}'은 "인간의 사상 또는 감정을 표현한 창작물"로서의 저작물을 만들었을 때 그 저작자에게 주어지는 배타적인 권리를 모두 일컫는 말이다. 구체적으로 저작물이란 학술 또는 예술의 영역에서 이루어진 독창적인 표현에 해당하는 것으로, 시 또는 소설 등 문학작품, 학술논문, 강연, 음악, 연극, 영화, 춤, 그림, 조각, 건축, 사진, 지도 같은 것들이 있고, 응용미술품이나 컴퓨터 프로그램도 저작물에 해당한다.

이러한 저작권 제도는 최초로 만들어 낸 것에 대한 보호가 아니라 창의적 표현활동을 장려함으로써 문학·예술·과학·문화 등의 발전을 도모하고자 하는 데 근본 목적이 있다.

그런 점에서 저작권이란 "창의성을 나타내기 위한 노력에 대해 주어지는 법적 대가"라고 정의할 수 있다. 이렇듯 창작물을 저작한 사람에게 저작권이라는 권리를 부여하여 보호하는 이유는 "저작물은 곧 문화발전의 원동력이 되므로 좋은 저작물이 많이 나와야 그 사회가 문화적으로 풍요로워질 수 있기 때문"이라고 할 수 있다. 다시 말해서 저작권이라는 권리의 행사를 통해 창작을 위한 노력에 대한 적절한 보상을 보장받게 함으로써 창작 행위를 계속할 수 있는 동기를 제공하려는 것이다.

아날로그 미디어 친화적

문제는 이러한 저작권 보호제도가 지극히 아날로그 미디어 친화적이라는 데 있다. 저작권을 뜻하는 원어 'copyright'가 구텐베르크의 인쇄술 발명에 따라 출판물의 대량복제 시대를 거치면서 '복제할 수 있는 권리'라는 뜻에서 출발했다는 점에서, 그리고 동양권에서는 이를 '출판할 수 있는 권리'로 보아 '판권'으로 번역했다는 점에서 저작권은 수백 년 동안 아날로그 미디어와 함께 발전해 온 개념이다.[1]

유발 하라리는 그의 역작 『사피엔스』[2]를 통해 과거에서 오늘날까지 수만 년의 역사를 관통하여 인간의 진로를 형성한 것으로

세 가지 대혁명을 제시한다. 바로 약 7만 년 전의 인지혁명, 약 1
만 2000년 전의 농업혁명, 약 500년 전의 과학혁명이다. 과학혁명
은 여전히 발전하고 있는 역사의 한 부분이고, 농업혁명은 새로
운 사실들이 계속 밝혀지고 있지만, 인지혁명은 여전히 많은 부
분 신비에 싸여 있다고 진단한다.

그리고 그 다음에 펴낸 『호모 데우스: 미래의 역사』[3]에서는 마
침내 진화를 끝낸 인간의 다음 단계를 말하고 있다. 곧 '호모 데우
스HOMO DEUS'의 '호모HOMO'는 '사람 속을 뜻하는 학명'이며 '데
우스DEUS'는 '신GOD'이라는 뜻이어서 '신이 된 인간'이라고 번역
할 수 있거니와, 인류는 드디어 인류를 괴롭히던 기아, 역병, 전쟁
을 진압하고 신의 영역이라 여겨지던 '불멸, 행복, 신성'의 영역
으로 다가가고 있다고 선언한다. 그리하여 이제 인류는 진지하게
"그래서 무엇을 인간이라고 할 것인지, 어디까지 타협하고 나아갈
것인지"에 대해 종의 차원에서 논의해야 한다고 주장한다. 곧 『사
피엔스』에서는 인류가 어디에서 왔는지 살폈다면 『호모 데우스:
미래의 역사』에서는 인류가 어디로 가는지 살피고 있다. 그리고
이 같은 양상은 이른바 '4차 산업혁명'[4]이라는 말로 대체되었다.

그렇다면 인지혁명, 농업혁명, 과학혁명을 거치는 동안 사람이
손으로 쓰고, 그리고, 찍거나 인쇄술로 복제해서 만든 저작물을
기준으로 정립된 '저작권' 개념이 저작물 창작 과정에 인공지능
AI; Artificial Intelligence이 개입하고 전 과정이 디지털화한 미디어를
통해 구현되는 4차 산업혁명 시대를 맞이하여 여전히 유효한 것

인지 의문을 갖지 않을 수 없다. 나아가 1957년 1월 28일부터 법률 제432호로 시행된 최초 저작권법이 전문 5개 장에 걸쳐 75개 조문에 불과했는데, 2025년 현재 시행되고 있는 저작권법 법률 제20358호은 전문이 11개 장에 걸쳐 190개 이상의 조문으로 대폭 늘어난 배경에는 어떤 이유가 있는 것일까?

인간의 사상 또는 감정을 표현한 창작물

'저작권'이란 인간의 사상이나 감정을 창작적으로 표현한 저작물을 보호하기 위해 그 저작자에게 부여한 권리를 말한다. 저작권의 보호란 저작물의 창작자에게 자기 저작물의 이용에 관한 배타적인 권리를 부여하고, 그 저작물을 다른 사람이 이용할 때에는 저작권자의 허락을 필요로 하며, 그러한 허락을 얻지 않고 이용하는 행위를 위법으로 규정하는 것을 뜻한다.

생각+ 사람의 사상 또는 감정의 표현

• 사람의 사상 또는 감정 : 소프트웨어에 의하여 자동적으로 작성되는 기상도나 자동적으로 출력되는 악보, 잉크를 오선지 위에 무작위로 뿌려 얻은 악곡, 팔레트에 여러 가지 색으로 물에 푼 다음 그 팔레트를 등 뒤의 벽에 무작위로 뿌려 나타난 모양, 위성사진처럼 완전자동으로 찍은 사진, 식당의 메뉴판, 열차시각표, 요금표, 단순한 사실이나 데이터의 나열에 불과한 것 등은 사람의 사상이나

저작권의 진화

감정을 구체적으로 표현한 것이 아니므로 저작물의 성립요건을 충족하지 못한다. 기계설계도 등과 같은 '기술적 사상의 표현'도 저작물로 볼 수 있겠지만, 이 경우에 보호하는 것은 기술적 사상 그 자체가 아니라 그 표현을 보호하는 것이다.[5]

• 표현 : 표현에 있어서는 우선 "사람의 사상이나 감정이 객관화되어 외부에 표현되어야 할 것", 그리고 "사람의 사상이나 감정 그 자체가 보호대상이 아니라 구체적인 표현이 보호대상이라는 점"에 주의해야 한다.

저작물을 창작한 사람

저작자著作者란 곧 "저작물을 창작한 사람", "사실상의 저작 행위를 함으로써 저작물을 창작해 낸 사람"을 가리킨다. 그러므로 숨겨져 있던 다른 사람의 저작물을 발견했거나 발굴해 낸 사람, 저작물의 작성을 의뢰한 사람, 저작에 관한 아이디어나 조언을 한 사람, 저작을 하는 동안 옆에서 도와주었거나 자료를 제공한 사람 등은 저작자가 될 수 없다.

그리고 저작물의 내용이나 수준은 문제가 되지 않으므로 직업적인 문인이나 학자, 또는 예술가가 아니라도 저작행위만 있으면 누구든지 저작자가 될 수 있다. 따라서 법률상 무능력자로 취급되는 미성년자나 정신이상자라 할지라도 저작행위를 했다면 저작자가 된다. 또한 자연인으로서의 개인뿐만 아니라 단체 또는 법인도 저작자가 될 수 있다. 그리고 저작물에는 1차적저작물뿐만 아니라 2차적저작물과 편집저작물도 포함되어 있으므로 2차적저작물 또는 편집저작물의 작성자 또한 저작자가 된다.

그런데 하나의 저작물에 대해 저작자와 저작재산권자가 서로 다른 사람일 수 있다는 점에서 주의가 필요하다. 현행 저작권법의 규정에 따라 저작인격권은 저작자 일신에 전속되므로 별문제가 없지만, 저작재산권은 저작자가 전체 또는 부분적인 권리를 제3자에게 양도할 수도 있으므로, 이 경우 일정 권리를 양도받은 사람이 저작재산권자가 되기 때문이다.

나아가 저작재산권은 "저작자의 생존하는 동안과 사망 후 70년간 존속한다"는 규정에 따라 상속이 될 수 있다는 점에서 저작자와 저작재산권자가 구별되기도 한다.

또, 저작물의 저작자는 1인에 한정되지 않으며 2인 이상의 사상이나 감정이 하나가 되어 구체화된 공동저작물의 경우에는 공동으로 창작한 사람 모두가 저작자가 된다. 아울러 저작권법에서는 '업무상저작물의 저작자'에 관한 규정을 별도로 두고 있다.

이와 같은 전제를 바탕으로 살핀다면, 사람이 아닌 동물이 그린 그림, 사람이 아닌 인공지능AI이 만든 글이나 그림 등은 우리가 저작권법 등으로 보호해야 할 저작물이라고 할 수 없다. 특히, AI를 활용한 저작 활동에 있어 저작자를 특정할 수 없고, 권리에 따르는 책임 소재가 분명하지 않다는 점과 함께 윤리적인 논란까

저작권의 진화

지 불거지면서 논란이 커지고 있다. 하지만 이런 논란과는 별도로 AI 기술이 급속도로 발전하고 있으며, 다양한 분야에서 그 활용도가 높아지고 있다는 점에서 조속한 법제 정비가 필요한 시점임에는 틀림없다.

저작물의 종류

어문저작물	소설, 시, 논문, 강연, 연설, 각본 등을 포함
음악저작물	
연극저작물	연극 및 무용, 무언극 등을 포함
미술저작물	회화, 서예, 조각, 판화, 공예, 응용미술저작물 등을 포함
건축저작물	건축물, 건축을 위한 모형 및 설계도서 등을 포함
사진저작물	사진 및 이와 유사한 방법으로 제작된 것을 포함
영상저작물	
도형저작물	지도, 도표, 설계도, 약도, 모형 등을 포함
컴퓨터프로그램저작물	
기타	그 밖에 저작물의 요건을 갖춘 모든 창작물

출처: 저작권법 제4조 참고

이처럼 저작권은 저작자의 창작 의욕을 북돋우어 더 많은 창작 활동이 이루어지도록 돕는다. 나아가 저작권을 행사하여 개인적으로는 다양한 이익을 얻을 뿐만 아니라 문화상품의 수출을 통해 관련 산업의 발전에도 큰 영향을 끼치게 된다.

생각⁺ 저작권의 구조

- 저작물^{창작물} → 저작자 → 저작권!
- 저작권 보호의 기준 → 창작성!
- 지음^著 ↔ 엮음^編 ↔ 옮김^譯

저작권의 진화

2. 창작자의 명예도 중요하다

_ 저작인격권의 의미

정신적인 권리

얼핏 보면 '저작권'이란 하나의 권리인 듯하지만, 이를 구체적으로 살펴보면 '저작인격권'과 '저작재산권'이라는 두 개의 커다란 덩어리로 이루어져 있다. 우선 저작인격권이란 "저작자가 자신의 저작물에 대해 갖는 정신적·인격적 이익을 법률로써 보호받는 권리"라고 할 수 있으며, '공표권·성명표시권·동일성유지권'의 세 가지가 있다.

인격권[6]이란 정신적인 권리를 말한다. 따라서 인격을 소유한 저작자로서의 당사자만이 권리 침해에 대한 구체적인 정도를 느낄 수 있는데, 이를 저작인격권이라고 한다. 그렇기 때문에 그것을 경제적 또는 물질적 기준에 따라 파악할 수는 없지만, 저작인격권 침해가 있을 때 가해자의 침해 정도를 입증할 수 있다면 그 범위 안에서 물질적인 배상과 비슷한 '위자료'를 청구할 수 있다.

한편, 이러한 저작인격권은 저작재산권과는 매우 다른 특성을 갖는다. 우선 저작인격권의 성질은 '일신전속성'으로 요약된다. 저작인격권으로서의 공표권·성명표시권·동일성유지권 등은 저작자 자신만이 가질 수 있고 행사할 수 있기 때문에 재산권과는 달리 다른 사람에게 양도하거나 상속할 수 없다. 그러므로 저작자가 사망하면 자동적으로 저작인격권은 소멸하게 된다.

그러나 만일 어떤 저작물의 저작자가 사망한 것을 아는 어느 이용자가 그 저작물의 저작인격권을 무시하고 상업적인 용도로 무단 이용했다면 원저작자의 명예가 훼손될 가능성이 매우 높다. 예를 들어, 저작자의 이름을 인지도가 높은 다른 사람으로 바꾸어 출판하거나 내용을 임의로 개작하여 외설물로 둔갑시키는 등이 그러하다. 따라서 저작자가 사망함으로써 저작인격권이 사라지고 없더라도 저작물을 이용하는 사람이 저작자의 명예를 훼손하는 방법으로 저작인격권을 침해했다면 저작재산권을 양도받은 사람 또는 상속자가 침해자를 상대로 이의를 제기할 수 있다.[7]

따라서 특정 저작물의 저작재산권을 양도받았다 하더라도 그것의 저작인격권은 여전히 저작자에게 있으므로 저작물을 이용함에 있어 저작인격권을 침해하지 않도록 조심해야 한다. 우리 관련업계 관행에 비추어 볼 때 저작재산권을 양도받았다면 마음대로 이용해도 된다고 여기는 경향이 강한데, 그런 태도를 돌아보고 저작인격권을 침해하지 않도록 주의해야 한다.

공표권

저작인격권으로서의 공표권이란 "저작물을 대외적으로 공개하는 권리"이며, 그 방법은 물론 공개 여부에 대한 판단은 전적으로 저작자만이 행사할 수 있다. 이를 좀 더 구체적으로 살펴보면, 우선 저작자에게는 "저작물을 공표하거나 공표하지 않을 권리"가 있다. 즉, 저작자는 자기가 작성한 저작물을 공표할 것인지 아니면 공표하지 않을 것인지, 공표를 한다면 출판 또는 연극, 영화, 방송, 전송 등 다양한 방법 중에서 어떤 형태로 할 것인지, 그리고 공표의 시기는 언제로 할 것인지 판단할 권리를 가지고 있다는 뜻이다. 그러므로 만일 어떤 저작물을 저작자의 동의나 허락 없이 어떤 방법으로든지 공표하는 것은 당연히 저작자에게 주어진 저작인격권으로서의 공표권을 침해하게 되는 것이다.

한편, 이러한 공표권은 미공표 저작물에 한해서 단 한 번밖에는 행사할 수 없다. 예컨대, 공표가 저작물을 발행하는 것뿐만 아니라 저작물을 공연이나 방송 또는 전시 그 밖의 방법으로 공중에게 공개하는 행위를 의미하므로, 어떤 방법으로든지 원저작물이 공표된 후라면 공표의 방법이 달라진다 해도 다시는 공표권을 행사할 수 없다.

그런데 저작자가 직접 공표권을 행사하지는 않았지만 누군가에게 저작재산권을 양도하거나 저작물의 이용허락을 한 경우에는 상대방에게 공표를 허락한 것으로 추정할 수 있다. 저작물을 이용하기 위해서는 저작물의 공표가 당연한 전제요건인데, 저작재산권을 양도받거나 이용허락을 받는 사람이 공표를 위해 또 다시 별도의 허락을 받아야 한다면 저작물 이용에 따른 번거로움이 뒤따를 뿐만 아니라, 저작자의 측면에서 보아도 역시 다른 사람에게 저작권을 양도하거나 이용허락을 하는 경우에는 이미 저작물의 공표를 예상한 것으로 보아도 무방하기 때문이다.

또 공표되지 않은 미술저작물, 건축저작물, 사진저작물의 경우에 원작품의 소유권을 양도했다면 그것을 양도받은 사람에게 그 원작품의 전시방식에 의한 공표를 동의한 것으로 추정한다. 미술이나 건축, 사진 형태의 저작물은 원작품을 수요자들에게 판매할 수 있으므로, 정당한 거래에 의해 원작품을 소유한 사람에게 이용 편의를 제공한다는 점에서 이해하면 된다. 다만, 공표의 방법이 전시에 의한 방식으로 제한되어 있다는 점에 주의해야 한다.

비슷한 취지에서 원저작자의 동의를 얻어 작성된 2차적저작물 또는 편집저작물이 공표된 경우에는 그 원저작물도 공표된 것으로 본다. 2차적저작물 또는 편집저작물은 원저작물을 토대로 작성된 것이므로 표현방식은 다르지만 내용 면에서는 같다고 볼 수 있다. 따라서 원저작자의 동의를 얻어 정당하게 작성된 2차적저작물과 편집저작물이라면 원저작물이 공표되지 않은 상태라고 하더라도 2차적저작자나 편집저작자 등이 임의로 공표할 수 있고, 그에 따른 원저작자의 저작권이 침해된다고 보기 어려우므로 결국에는 원저작물도 공표된 것으로 본다는 뜻이다.

성명표시권

저작인격권으로서의 성명표시권이란 "저작자가 그의 저작물을 이용함에 있어 자신이 저작자임을 표시할 수 있는 권리"이다. 저작자가 자신의 저작물에 대해 자신이 창작자임을 주장하는 것은 당연한 권리가 아닐 수 없다.

좀 더 구체적으로 보면, 저작자는 자신의 저작물의 원작품은 물론 그 복제물에, 그리고 그것을 공표함에 있어서 그의 실명實名이나 이명異名 중에서 마음에 드는 것을 선택해 표시할 수 있다. 즉, 저작자로서의 자기를 실명으로 표시할 것인가, 아니면 남들이 잘 아는 예명이나 아호 또는 필명으로 할 것인가, 심지어는 남들이 잘 알지 못하는 자기만의 독특한 이름으로 표시할 것인가 등을 결정할 권리가 저작자에게 있다는 뜻이다. 또한 그것을 표시하는 방법에 있어서 미술저작물에서처럼 원작품에 직접 표시할 수도 있고, 출판물에서처럼 표지 또는 간기면刊記面에 문자로써 표시하는 등 다양하게 할 수 있다. 아울러 성명을 표시할 수 있는 권리가 있다면 표시하지 않을 권리 또한 있는 것이므로 저작자의 표시 없이 무명저작물로 공표할 수도 있다.

한편, 저작물 이용자는 저작자의 특별한 의사표시가 없다면 저작자가 저작물에 표시한 대로 저작자를 밝혀야 한다. 따라서 이용자는 저작물을 이용하기 전에 저작자를 어떻게 표시할 것인지 저작자에게 물어볼 필요는 없으며, 특별한 의사표시가 없는 한 저작물에 표시된 대로만 저작자를 표시하면 된다. 예를 들어, 저작물에는 실명으로 표시되어 있는데 공표할 때에는 독특한 이명으로 표시해 달라고 저작자가 적극적으로 요청하는 경우가 있다. 다만, 저작권법에서 "저작물의 성질, 그 이용목적, 또는 형태 등에 비추어 부득이하다고 인정되는 경우에는 그러하지 아니하다"고 규정하고 있으므로 무조건 성명표시권 침해가 성립되는 것은 아니다. 주요 시험문제로서 특정 저작물을 인용할 경우 부득이 저작자의 성명을 표시하지 않을 수도 있을 것이기 때문이다.

결국 저작인격권으로서의 성명표시권은 저작자가 저작물에 자신이 저작자임을 다양한 방법으로 표시하거나 표시하지 않을 수 있다는 것, 그리고 이용자가 저작물을 이용함에 있어 저작자가 표시한 바에 따라 저작물에 저작자를 표시해야 한다는 것으로 요약할 수 있겠다. 따라서 이용자가 이용 저작물에 저작자를 표시함에 있어서 원저작자를 무시하고 다른 사람으로 표시하는 것은 명백한 성명표시권 침해에 해당한다.

동일성유지권

저작인격권으로서의 동일성유지권이란 "저작자가 자신이 작성한 저작물이 어떠한 형태로 이용되더라도 처음에 작성한 대로 유지되도록 할 수 있는 권리"를 말한다. 저작자라면 당연히 자기 의사에 관계없이 이용자가 마음대로 저작물의 내용을 변경하도록 내버려두지 않을 것이며, 자신의 저작물을 누군가 변경시키는 경우를 당한다면 매우 불쾌할 것임에 틀림없다. 따라서 저작자에

저작권의 진화

게 "저작물의 내용은 물론 형식 및 제호 등에 있어서 동일성을 유지할 권리"를 준 것이다. 저작물은 저작자의 인격을 구체화한 것이므로 저작물에 구현된 자기 사상 및 감정 표현에 있어서 동일성을 유지할 필요가 있으며, 따라서 저작물을 이용하는 사람이 목적 달성과 함께 그 효과를 높이기 위해 저작물의 일부를 없애거나 고치고자 할 때는 반드시 저작자의 동의를 얻어야 한다.

여기서 내용 혹은 형식의 변경이란, 저작자의 의사와는 관계없이 무단으로 주제를 변경하고자 전개과정을 바꿈으로써 원작의 본질을 손상시키는 경우, 등장인물 또는 배경 따위를 바꿈으로써 마찬가지로 원작의 본질을 해치는 경우, 그리고 비극悲劇을 희극喜劇으로 바꾸거나 시를 소설로 바꾸는 것처럼 표현형식 자체를 고치는 행위 등을 가리킨다. 하지만 저작물의 본질적인 변경이라도 그것이 정당한 절차를 거쳐 번역 또는 편곡 및 개작 등이 이루어진 것이라면 동일성유지권의 침해가 아니다. 다만, 번역을 함에 있어서 필연적인 변경과는 상관없는 중대한 실수로서의 오역誤譯 따위는 동일성유지권의 침해 사유가 될 수 있으므로 주의해야 한다.

다음으로 제호題號의 문제가 있다. 제호란 저작물의 제목을 일컫는 말이다. 이러한 제호는 저작물의 내용을 집약하여 짧은 문구로 표현한 것이므로, 이를 무단으로 변경한다면 저작자에게는 사실상의 인격적 침해가 될 수 있다. 나아가 주제나 내용과는 상관없이 저작물의 상업적 이용만을 위해 제호를 무단으로 바꾸는 경우에는 더욱 심각한 문제가 생길 수도 있다. 그런데 원래 제호 자체는 저작권법에서 보호하는 저작물이 아니다. 따라서 저작물을 작성하는 사람이 다른 저작자의 제호를 무단으로 사용하더라도 저작권 침해가 아니라는 뜻이다.

　제호를 독립적인 저작물로 인정하지 않는 이유는 저작권법 제정의 취지에서 찾아볼 수 있다. 저작권을 보호하는 궁극적인 목적은 문화의 향상과 발전인데, 만약에 모든 제호를 저작물로 인정할 경우 제호를 둘러싼 혼란과 함께 일부에 의한 독점현상 때문에 더 큰 폐해가 생길 수 있다. 물론 일부 국가에서는 매우 독창적인 제호에 대해서는 독립적인 저작물로 인정하여 보호하기도 한다. 하지만 우리나라에서는 저작물의 제호에 한해서는 저작물성을 인정하지 않고 있다. 다만, 그것이 저작물의 내용과 어울리는 경우에는 저작인격권으로서의 동일성유지권의 대상이 될 뿐이다.

- 제호의 창작성 : 다음의 예시에서 보는 것처럼, 제호라고 하더라도 그 자체의 창작성이 돋보일 경우 일률적으로 아이디어에 해당하므로 저작권 보호 대상이 아니라고 할 수 있는지에 대해서는 더 많은 논의가 필요하다.

　다음의 예시 중 시인 안도현이 여러 시인의 작품을 골라 엮은 책[8]의 제목 '당신이라는 말 참 좋지요'는 허수경의 시 '혼자 가는 먼 집'[9] 중에 나오는 구절이다. "당신……, 당신이라는 말 참

좋지요, 그래서 불러봅니다 킥킥거리며 한때 적요로움의 울음이 있었던 때, 한 슬픔이 문을 닫으면 또 한 슬픔이 문을 여는 것을 이만큼 살아옴의 상처에 기대, 나 킥킥……, 당신을 부릅니다. ……"에 등장하는 것이다.

또, 시인 정호승의 시집 제목으로 사용된 '사랑하다가 죽어버려라'는 그 시집[10] 중에 포함된 시 '그리운 부석사'의 한 구절이다. "사랑하다가 죽어버려라/오죽하면 비로자나불이 손가락에 매달려 앉아 있겠느냐/기다리다가 죽어버려라/오죽하면 아미타불이 모가지를 베어서 베개로 삼겠느냐. ……"라고 읊었던 바로 그 시의 한 구절이다.

또, 시인 함민복의 산문집[11] 제목으로 쓰인 '눈물은 왜 짠가' 역시 그의 시에 나오는 구절인 동시에 시의 제목[12]이기도 하다. "지난 여름이었습니다 가세가 기울어 갈 곳이 없어진 어머니를 고향 이모님 댁에 모셔다드릴 때의 일입니다"로 시작해서 "일순, 나는 참고 있던 눈물을 찔끔 흘리고 말았습니다 나는 얼른 이마에 흐른 땀을 훔쳐내려 눈물을 땀인 양 만들어놓고 나서, 아주 천천히 물수건으로 눈동자에서 난 땀을 씻어냈습니다 그러면서 속으로 중얼거렸습니다 눈물은 왜 짠가"로 마무리되는 시의 마지막 구절이다.

이처럼 시의 한 구절을 그대로 책 제목으로 사용한 경우에는 그 문학적 우수성과 더불어 창작성에 기반한 저작물성을 인정하는 것이 바람직하다고 생각한다. 나아가 현대사회에서 제호가 갖는 사회적·경제적 중요성을 고려해서 제호 자체만을 놓고 보더라도 사상이나 감정을 창작적으로 충분히 잘 표현한 것이라면 저작물성을 인정할 수 있다고 보아야 하지 않을까. 나아가 형식을 갖춘 문학작품의 내용을 구성하는 부분이라면 더 말할 나위 없이 그 저작물성을 인정하는 것은 당연한 추세라고 하겠다.

그 밖에 저작자의 사전 동의가 없더라도 저작물의 변경이 가능한 경우가 있다. 저작권 보호라는 취지에 비추어 볼 때 개인의 이익뿐만 아니라 문화의 산물인 저작물을 이용한다는 차원에서 공익적인 측면 또한 내포하고 있기 때문이다. 이처럼 동일성유지권이 미치지 않는 경우에 대해 현행 저작권법에서는 크게 다음과 같이 세 가지로 나누어 규정하고 있다.

첫째, 고등학교 및 이에 준하는 학교 이하의 학교의 교육목적상 필요한 교과용 도서에 공표된 저작물을 이용할 경우에는 부득이하다고 인정되는 범위 안에서 표현을 변경할 수 있다. 이는 초등학교, 중학교, 고등학교로 대표되는 제도권 교육에 있어서 그 효과를 높이기 위해 사용해야만 하는 저작물에 대해서는 개인의 저작권 보호 이전에 교육목적에 부합하는 내용으로 변경할 수 있어야 한다는 공익적 차원의 규정이다. 즉, 교육을 받는 학생들은 아직 육체적으로나 정신적으로 미숙한 상태이므로, 저작물이 매우 유익한 것이라고 하더라도 일부 표현에 있어서 너무 어렵다거나 부정적이라거나 외설적이거나, 혹은 기타 미풍양속을 해치는 부분이 있어 교육목적과 일치하지 않는다고 판단되는 경우에 한해 그 일부의 표현을 변경할 수도 있다는 것이다. 예를 들어, 저작물에 한자어나 외래어가 너무 많아서 일부를 우리말로 고치는 경우, 또는 원작에 있는 성적性的 표현을 완화하거나 삭제하는 경우 등이 이에 해당된다고 하겠다. 따라서 미술저작물은 이에 해당하는 경우가 별로 없을 것으로 보인다.

둘째, 건축물의 증축增築 또는 개축改築에 따른 건축저작물의 변형은 동일성유지권 침해가 아니다. 건축물은 대개가 주거용 또는 사무실, 상가 등 실용적인 용도로 짓는 것이므로, 실용성을 높이기 위해 건물을 변형하는 경우가 있다. 따라서 그런 경우에는 동일성유지권에 구애됨이 없이 임의로 증축 또는 개축을 할 수 있다. 그러나 실용성과는 관계없이 예술적인 목적으로 지어진 건축물의 경우에는 건축저작권자의 허락 없이 변형을 가하는 것이 금지된다. 결국, 건축물에 있어서의 무단변형은 오직 실용적인 용도에 한해서 허용되는 것이다.

셋째, 위에서 살펴본 경우 이외에 "저작물의 성질이나 그 이용의 목적 및 형태에 비추어 부득이하다고 인정되는 범위 안에서의 변경"은 동일성유지권의 침해가 아니다. 여기서 말하는 '부득이하다고 인정되는 범위'를 예로 들면, 먼저 음악저작물의 가창歌唱 또는 연주가 있다. 노래를 부르는 사람이 음정이나 박자를 원저작물 그대로 표현하지 못할 수도 있고, 또는 연주자가 원저작자의 표현 의도대로 연주하지 못할 수도 있는데 그렇다고 해서 그것을 동일성유지권의 침해로 볼 수는 없다는 뜻이다. 따라서 음악적 역량의 차이 때문에 생기는 변형은 예외로 볼 수밖에 없다. 또한 사진저작물을 인쇄기술을 통해 출판물에 사용할 경우에도 원저작물보다 더 낫게 표현한다는 것은 불가능하며, 단순한 오자誤字나 탈자脫字를 고치는 것도 마찬가지다.

하지만 아무리 그것이 부득이한 경우라고 하더라도 본질적인 변경까지는 허용하지 않는 단서의 규정에 주의해야 한다. 즉, 교과서에 싣는다고 시를 소설로 개작하거나 상가로 지은 건물을 주거용 빌라로 바꿔 짓거나 3절로 이루어진 노래를 1절로 줄이거나 하는 등의 본질적인 변경은 당연히 동일성유지권의 침해 사유가 된다.

저작권의 진화

3. 창작의 가치를 인정해야 한다

_ 저작재산권의 시대

재산적인 권리

저작재산권이란 저작자가 자신의 저작물에 대해 갖는 재산적인 권리를 가리킨다. 이는 일반적인 물권物權과 마찬가지로 지배권이며, 양도와 상속이 가능할 뿐만 아니라, 채권債權으로서의 효력도 가지고 있다. 저작자 일신에 전속되는 인격권과는 다른 특성을 가지고 있는 것이다. 또한 저작재산권은 저작자가 자신의 저작물에 대해 갖는 배타적인 이용권이라고도 할 수 있다. 그러나 실제로는 자신이 직접 저작물을 이용하는 경우보다는 남에게 저작물을 이용하도록 허락하고 대가를 받는 경우가 대부분이다. 현행 저작권법에서는 저작재산권을 복제권·공연권·공중송신권·전시권·배포권·대여권·2차적저작물작성권 등 7가지로 나누어 규정하고 있다.

한편, 일반적인 물권의 경우에 그 재산권자가 상속인 없이, 그리고 그 재산의 처분에 관한 아무런 유언도 없이 사망했다면 그

재산은 국고에 귀속되는 것이 관례이다. 하지만 저작재산권의 경우에는 그것을 국가에 귀속시켜 국가로 하여금 권리를 행사하도록 하는 것이 아니라, 아예 저작재산권 자체가 소멸하는 것으로 보아 그 저작물은 공유의 상태에서 누구든지 자유롭게 이용할 수 있다. 그렇게 함으로써 문화 및 관련산업의 향상 발전에 기여할 수 있다는 저작권 법제의 취지를 구현하고 있는 것이다.

따라서 저작재산권을 목적으로 하는 질권이 설정되어 있거나 출판권이 설정되어 있는 상태에서 상속인 없이 저작재산권자가 사망했다면 그 질권자 또는 출판권자는 질권의 목적인 저작재산권을 취득하거나 출판권 행사에 따르는 일정의 권리를 취득할 수 있다. 결국 그러한 권리가 소멸해야만 저작재산권 전체가 소멸하게 되는 것이다.

또 법인 또는 단체가 해산[13]되어 그 저작재산권이 민법 기타 법률 규정에 의해 국가에 귀속되는 경우에도 역시 저작재산권이 소멸하므로 누구든지 그 저작물을 자유롭게 이용할 수 있다.

복제권

복제란 "인쇄·사진·복사·녹음·녹화 그 밖의 방법에 의하여 유형물에 고정하거나 유형물로 다시 제작하는 것을 말하며, 건축물의 경우에는 그 건축을 위한 모형 또는 설계도서에 따라 이를 시공하는 것을, 각본·악보 그 밖의 이와 유사한 저작물의 경우에는 그 저작물의 공연·방송 또는 실연을 녹음하거나 녹화하는 것을 포함"하는 개념이다. 따라서 복제권複製權, reproduction right은 "저작물을 여러 가지 방법을 통해 전자적으로 고정하거나 유형물로 다시 제작할 수 있는 권리"라고 정의할 수 있다.

저작권법의 역사를 살펴보면, 문자와 기록매체가 있었다고 해서 바로 저작권 의식이 생긴 것은 아니었다. 근대 이전에는 저작물에 관해 소유권으로서의 인식보다는 남의 저작물을 베끼는 행위는 비열한 것으로 여겨져 도덕적으로 비난의 대상이 되었고, 다른 사람의 저작물을 이용하는 것도 직접 혹은 사람을 사서 필사筆寫하는 것이 고작이어서 저작물에 대해 어떤 금전적인 이익을 추구하는 식의 관심은 부족했을 것이다.

그러던 중 15세기에 이르러 비로소 활판인쇄술에 의한 저작물의 대량복제가 시작됨에 따라 그에 따르는 권리의식도 태동했다는 점에서, 가장 기본적인 권리로서의 복제권저작권의 초기 명칭이 'copyright'였다는 점에서이 생겼던 것이다. 따라서 복제권은 저작재산권 중에서 가장 기본적인 권리이며, 저작물 이용에 있어서도 가장 기본적인 형태이다.

복제의 개념에 있어서는 인쇄나 사진 또는 복사처럼 가시적인 복제와 녹음 또는 녹화 같은 재생 가능한 복제로 나뉘지만, 가장 대표적인 복제의 유형이라면 아무래도 출판을 통한 저작물의 이용일 것이다. 권리관계에 있어서는 저작재산권은 양도할 수 있으므로 만일 저작자가 누군가에게 복제권을 양도한다면 복제권을 양도받은 사람이 복제권자가 된다.

공연권

공연이란 "저작물 또는 실연·음반·방송을 상연·연주·가창·구연·낭독·상영·재생 그 밖의 방법으로 공중에게 공개하는 것"으로서 "동일인의 점유에 속하는 연결된 장소 안에서 이루어지는 송신^{전송 제외}을 포함"하는 개념이다.

여기서 '상연^{上演}'이란, 각본이나 무보^{舞譜} 또는 기타의 연극적 저작물을 무대 위에서 실현하는 것을 말하며, '연주'란 음악적 저작물을 악기로써 표현하는 것을, '가창^{歌唱}'이란 음악적 저작물을 사람의 입을 통해 표현하는 것을 말한다. 또한 '구연^{口演} 및 낭독^{朗讀}'이란 음악적 저작물 이외의 것, 즉 시·소설·논문 등 글로 쓰여 있는 것을 사람의 입을 통해 표현하는 것으로 만담^{漫談}은 물론 일반적인 강연이나 연설 따위를 포함하며, '상영^{上映}'은 영화처럼 영상화한 저작물을 막^{幕, screen}이나 기타의 물체에 영사^{映寫}하는 것을 말한다.

결국 복제권이 저작물을 유형적인 형태로 이용하는 권리라면, 공연권^{right of public performance}은 공중송신권과 함께 저작물의 무형적 이용에 관한 배타적인 권리라고 할 수 있다. 공연에 의한 저작물의 이용은 복제와는 달리 유형물에의 고정을 요건으로 하는 것이 아니라 공중에게 공개하는 것을 요건으로 한다. 여기서 주의할 사항은 복제물을 만드는 것은 복제권의 대상이지만 그것을 재생하여 공개하는 것은 공연의 범주에 속한다는 점, 과거에는 방송의 범주에 들었던 "동일인의 점유에 속하는 연결된 장소 안에서 이루어지는 송신"이 새로이 공연에 포함되었다는 점, 그리고 연주·가창·연술·연출 또는 음반 및 음원 파일 등은 저작인접권의 대상으로서 실연자 또는 음반제작자의 권리도 포함되어 있다는 점이다.

한편, 공연과 실연은 많은 부분에서 비슷한데, 그 차이점을 정리해 보면 다음과 같다.

첫째, 공연은 저작물을 동작적인 표현으로 공중에게 공개하는 것을 요건으로 하지만, 실연은 공개 여부를 요건으로 하지 않는다. 따라서 저작물의 동작적인 행위라 하더라도 공개하지 않았다면 그것은 실연은 될 수 있어도 공연은 될 수 없다.

둘째, 공연에는 직접적인 동작에 의한 표현행위뿐만 아니라 간접적인 녹음 또는 녹화물의 공개 재생도 포함되지만, 실연에 있어서는 직접적인 동작 행위만을 대상으로 한다. 따라서 실연의 녹음 또는 녹화물을 공개 재생하는 것은 실연이 아닌 공연이 된다.

셋째, 공연은 반드시 저작물을 동작으로 표현할 것을 전제로 하지만, 실연은 저작물이 아닌 것을 예능적으로 표현하는 것, 즉 곡예나 마술 등도 포함된다. 따라서 공연권은 저작재산권의 일종이지만 실연은 저작인접권의 대상이 될 뿐이다.

이처럼 공연은 저작물의 표현 수단으로 공중에게 공개되어야 하지만, 실연은 그와 같은 제한 없이 동작 행위 자체에 예능적인 가치만 있으면 된다는 점에서 공연과 실연은 구별된다. 다만, 외국 저작권법이나 국제협약상 'performance'라고 했을 경우 이를 우리 저작권법에 비추어 공연으로 볼 것인지 아니면 실연으로 봐야 하는지 애매한 경우가 있으므로 상황에 따라, 그리고 전체적인 문맥에 따라 구별해서 해석하거나 이해해야 할 것이다.

공중송신권

2007년도 전부개정 저작권법에서 처음 등장한 공중송신公衆送信이란 "저작물, 실연·음반·방송 또는 데이터베이스를 공중이 수신하거나 접근하게 할 목적으로 무선 또는 유선통신의 방법에 의하여 송신하거나 이용에 제공하는 것"을 말하며, 기존의 방송[14]과 전송,[15] 그리고 디지털 음성송신을 포함하는 개념이다. 기술의 발달, 방송과 통신의 융합 등에 따라 예전과는 전혀 다른 형태의 새로운 저작물 이용 형태가 등장하면서 저작자 등의 권리 보호에 한계가 드러남에 따라 이를 포괄하는 최상위 개념인 공중송신을 신설함으로써 어떠한 형태의 저작물 사용 형태가 등장하더라도 저작자가 확실하게 보호받을 수 있도록 한 것으로 보인다.

전시권

전시란 "예술작품 따위를 여러 사람에게 보일 목적으로 공개된 장소에 진열하는 것"을 말하므로 미술저작물뿐만 아니라 건축저작물과 사진저작물에도 전시권이 미친다. 곧, "원작품 또는 그것의 복제물을 전시할 권리"를 가리켜 전시권이라고 한다. 그런데 미술저작물 등은 그것을 직접 저작한 저작자가 소유하고 있는 경우보다는 다른 사람이 일정의 대가를 지불하고 사들여서 소유하는 경우가 많다 보니 저작권자와 소유권자가 서로 다른 경우가 대부분이다. 이런 점을 감안해서 저작권법에서는 미술저작물 등의 원작품을 소유한 사람은 그 작품을 취득함과 동시에 그것의 전시에 의한 방법으로 이용할 수 있음을 저작자로부터 동의받은 것으로 본다고 규정하고 있다.[16] 다만, 개방된 장소에서 일반 공중에게 항시 전시하는 경우에는 그 저작권자의 허락을 받아야만 한다.[17]

생각+ 전시권과 추급권

전시권과 관련하여 일부 국가에서는 특이한 점이 엿보인다. 우선 프랑스·독일·스위스·이탈리아 등에서는 미술작품에 대한 추급권追及權, droit de suite을 인정하고 있다. 원작품을 다른 사람에게 팔았다고 하더라도 추후에 소유자가 또 다른 사람에게 되팔 경우에 생기는 매매차익에 대해서도 원저작자의 권리주장이 가능하다는 것이다.

그러나 우리의 경우에는 원작품의 유통경로가 불확실한 탓에 그러한 제도를 마련한다고 하더라도 실현성이 희박한 실정이다. 또한 일부 국가에서는 원작품만을 전시권의 대상으로 삼기도 하는 데 비해 우리나라에서는 원작품뿐만 아니라 복제물에도 전시권이 미친다. 그리고 전시되어 있는 저작물을 텔레비전으로 방영하거나 SNS에 올린다면 이는 공중송신권의 대상이 된다는 점에 주의해야 한다.

배포권

배포란 "저작물의 원작품 또는 그 복제물을 일반 공중에게 유상 또는 무상으로 양도하거나 대여하는 것"으로서, 저작물을 시장에 유통시키는 일반적인 방법이기도 하다. 따라서 그렇게 하려면 저작재산권으로서의 배포권을 가지고 있는 저작권자로부터 허락을 받아야만 한다. 그러므로 복제권과 관련해서 배포권을 적절히 행사하면 저작권의 효율적인 관리에도 상당한 효과를 얻을 수 있다.

예컨대, 다른 나라에 저작물 이용을 허락하는 경우 복제권을 발휘해서 복제에 의한 이용을 허락함과 동시에 배포권을 행사하여 지역적 또는 시간적인 제한을 둘 수 있다. 저작물을 배포함에 있어 지역적 범위를 한정하고 언제까지만 배포할 수 있다는 규정을 두면 저작권의 관리는 물론 이익의 폭도 넓힐 수 있다는 뜻이다. 아울러 배포를 정의함에 있어 "양도하거나 대여하는 것"이라고 명시했으므로 배포에는 대여까지도 포함된 것으로 보이지만, 권리의 작용상으로는 배포권에 대여권이 포함된 것으로 보기는 어렵다. 배포권과 대여권은 엄연히 별도의 독립된 권리로 보는 것이 국제적 추세이기 때문이다.

한편, 이러한 배포권을 철저히 보호하게 되면 이용자들에게는 상당한 번거로움이 따를 수밖에 없다. 저작물 또는 그 복제물을 어떤 방법으로 이용하든지 그때마다 배포에 따른 허락을 별도로 받아야 하기 때문이다. 예컨대, 어떤 저작물을 책으로 출판했을 때 그것이 독자의 소유가 되기까지는 복잡한 유통과정을 거치는데, 그때마다 배포에 따른 권리를 따져야 한다면 어떻게 될까?

그런 점을 감안해서 현행 저작권법에서는 "저작물의 원작품이나 그 복제물이 배포권자의 허락을 받아 판매의 방법으로 거래에 제공된 경우에는 이를 계속하여 배포할 수 있다"고 규정한다. 아울러 '발행'이란 "저작물 또는 음반을 공중의 수요를 충족시키기 위하여 복제·배포하는 것"을 뜻하므로 출판권처럼 발행을 전제로 한 이용허락을 얻게 되면 그 이용자는 이후 별도의 배포에 따른 이용허락 없이 임의로 저작물을 배포할 수 있다. 이는 다른 권리와의 충돌에 따른 제한 조치로서 이른바 '최초판매원칙' 또는 '권리소진원칙'이라고도 한다.[18] 따라서 출판권이나 배타적발행권처럼 발행을 전제로 한 이용허락을 얻게 되면 이용자는 이후로 별도의 허락이 없어도 임의로 저작물을 배포할 수 있다.

대여권

현행 저작권법에서는 대여권과 관련해서 "저작자는 판매용 음반이나 판매용 프로그램을 영리를 목적으로 대여할 권리를 가진다"고 규정하고 있다. 이는 공중송신권과 함께 2007년 전부개정법에서 신설된 권리이다. 음악저작물의 저작자에게는 자신이 창작한 저작물을 음반 형태로 만들어 발매함으로써, 그리고 컴퓨터 프로그램 저작자는 자신의 프로그램을 정품 그 자체로 판매하여 경제적 이익을 추구하는 것이 보편적인 권리행사 방법인데, 무단으로 대여가 이루어진다면 실익이 그만큼 줄어들 수밖에 없다는 점을 감안한 것으로 풀이된다. 한편, 저작인접권자인 실연자에게도 자기 실연이 녹음된 판매용 음반에 대한 대여권이 주어진다.

그 밖에 정의 규정에 따라 "저작물 등의 원본 또는 그 복제물을 공중에게 대가를 받거나 받지 아니하고 양도 또는 대여하는 것"으로 요약되는 배포 distribution 는 저작물을 이용하는 방법이자 저작물을 시장에 유통시키는 방법이기도 하다. 여기서 말하는 '원본原本'이란 주로 미술저작물을 말하고, '그 복제물'이란 주로 책과 같은 형태를 말하는 것이다. 그런데 저작재산권의 일종으로서 배포권을 규정함에 있어서 대여에 따른 문제가 생기게 되었다. 별도의 대여권과의 관계가 애매해진 것이다. 외국의 경우에는 대부분 배포권과 대여권을 별도로 인정하고 있어서 배포의 개념에는 대여가 포함되지만 배포권의 내용에는 대여권이 포함되지 않도록 하고 있다. 국내 저작권법에서 규정하고 있는 배포의 개념도 마찬가지인 것으로 보인다.

2차적저작물작성권

'2차적저작물작성권'은 "저작자가 자기 저작물을 원저작물로 하는 2차적저작물derivative work을 작성하여 이용할 수 있는 권리"를 가리킨다. 여기서 2차적저작물이란 "원저작물을 번역·편곡·변형·각색·영상 제작 그 밖의 방법으로 작성한 창작물"을 말한다. 그러므로 2차적저작물을 작성한 사람에게도 그에 따르는 별

저작권의 진화

도의 권리가 주어지지만, 그것의 원저작물 또는 구성 부분이 되는 저작물의 저작자로부터 정당한 방법으로 허락을 얻어야 하며, 그렇지 않을 경우에는 그에 따르는 책임을 져야 한다. 또한 2차적저작물을 작성함에 있어 원저작물의 변경이 불가피하므로 동일성유지권 침해의 문제가 제기될 수 있지만, 그것이 내용상의 본질적인 변경이 아니고 영어를 국어로 번역하거나 다장조 음계를 가장조로 편곡하는 등 단순한 표현형식의 변경이라면 저작인격권으로서의 동일성유지권을 침해한 것이 아니다.

한편, "작성하여 이용할 권리"라는 말에 유의할 필요가 있다. 이는 작성할 권리와 이용할 권리의 이중적인 의미로 해석할 수 있기 때문이다. 저작자는 자기 저작물을 토대로 해서 직접 2차적저작물을 작성할 수 있을 뿐만 아니라, 그렇게 작성한 별도의 저작물을 경제적인 대가를 받고 이용하게 할 수 있다는 뜻이다. 따라서 2차적저작물작성권은 저작재산권 중에서도 매우 부가가치가 높은 권리이기 때문에 저작재산권의 일부를 양도하는 경우에 주의가 필요하다. 현행 저작권법에서는 그런 점을 감안해서 저작재산권을 전부 양도하는 경우라도 별도의 특약이 없는 한 2차적저작물작성권은 양도되지 않은 것으로 추정한다고 규정하고 있다.

좀 더 구체적으로 2차적저작물이란 무엇인지 살펴보면 그것을 작성하는 방법에 따라 여러 가지가 있음을 알 수 있다.

첫째, 글 또는 말로 이루어진 저작물을 원래 사용된 언어 이

외의 언어로 표현하는 것으로서, 우리말이나 글로 되어 있는 원저작물을 다른 나라 언어, 즉 외국어로 바꾸거나 외국어로 되어 있는 저작물을 우리말이나 글로 바꿀 수 있는데, 이를 번역 翻譯, translation 이라고 한다. 이 경우에 언어체계가 상당히 다르다면 굳이 외국어가 아니더라도 번역의 범주에 포함시킬 수 있다. 예컨대, 고전을 현대어로 새롭게 표현하는 것과 같은 경우가 있다. 그러므로 번역은 내용과 문체에 있어서 충실하고 정확하게 원저작물을 표현해야 한다. 아울러 번역자는 다른 언어를 창작적으로 다룬 점을 인정받아 별도의 저작권을 부여받게 된다.

둘째, 특정의 연주 형태에 따라 악기 또는 가창자의 음역에 맞도록 하기 위해 이미 작성되어 있는 음악저작물의 표현형식을 조정하는 것을 편곡 編曲, arrangement of music 이라고 한다.

셋째, 미술저작물에 있어서 그림으로 그려져 있는 것을 조각의 형태로 나타내거나 조각을 그림으로 그리는 등 표현형식을 변경할 수 있는데, 이를 변형 變形, transformation 이라고 한다. 건축저작물을 변형시키는 것도 이에 해당한다. 한편, 넓은 의미로는 저작물의 각색이나 기타의 방법에 의한 개작을 모두 포함하는 개념이기도 하다.

넷째, 어문저작물로서의 소설이나 일반적인 음악저작물을 영상물로 바꾸는 것처럼 이미 작성되어 있는 저작물을 다른 장

저작권의 진화

르로 변형시키는 것을 각색脚色, adaptation 이라고 한다. 아울러 같은 장르일지라도 성인용 저작물을 청소년용으로 다시 쓰는 것처럼 이용의 각 상황에 따라 적당하게 변경하는 것도 포함한다. 또한 이러한 각색은 표현형식만을 바꾸는 번역과는 달리, 저작물의 구성을 변경하는 경우도 포함된다. 예컨대, 소설을 연극 각본으로 고쳐 쓴다면 무대의 특성에 맞추어 원저작물의 구성이 불가피하게 변경될 수 있기 때문이다.

다섯째, 영상 제작은 원저작물을 각색하여 각본화한 다음 이를 바탕으로 영상저작물을 만드는 것뿐만 아니라 창작 시나리오를 영상화하는 것도 포함하는 개념이다.

여섯째, 위에서 열거한 방법 이외에도 소설을 시로 표현하거나 시를 소설화하는 것처럼 '그 밖의 방법'이 있을 수 있다.

이렇듯 여러 가지 방법으로 원저작물을 활용하여 작성된 2차적저작물은 원저작물과 관계없이 '독자적인 저작물'로서 보호된다. 즉, 2차적저작물의 작성은 원저작물 저작권자의 허락을 필요요건으로 하지 않는다. 원저작물 저작권자의 허락 여부와는 관계없이 일단 작성된 2차적저작물은 저작권법에 따라 보호되는 것이다. 하지만 원저작물 저작권자의 허락 없이 번역한 다음 이를 책으로 출판하게 되면 그의 2차적저작물작성권 등을 침해한 결과로 이어지게 되므로 주의해야 한다.

결국 2차적저작물을 작성한 사람이 그에 따른 권리를 정당하게 행사하기 위해서는 먼저 원저작물 저작권자의 허락을 얻는 것이 가장 안전한 절차라고 하겠다. 앞서 살핀 것처럼 번역의 경우를 예로 든다면, 저작물을 번역할 수 있는 권리 자체가 저작재산권의 구성요소이기 때문에 원저작물의 저작재산권이 존재한다면 번역을 하기 위해서는 적절한 경로를 통해 원저작물 저작권자로부터 허락을 받아야 하며, 그렇지 않을 경우에 그에 따른 권리침해 문제가 별도로 제기될 수 있다. 특정 작품을 각색하거나 편곡하는 경우에도 마찬가지다.

생각+ 저작재산권의 보호기간

현행 저작권법에서 규정하고 있는 저작재산권의 보호기간에 대한 원칙은 다음과 같다.

제39조(보호기간의 원칙)

① 저작재산권은 이 관에 특별한 규정이 있는 경우를 제외하고는 저작자가 생존하는 동안과 사망한 후 70년간 존속한다.

② 공동저작물의 저작재산권은 맨 마지막으로 사망한 저작자가 사망한 후 70년간 존속한다.

제40조(무명 또는 이명 저작물의 보호기간)

① 무명 또는 널리 알려지지 아니한 이명이 표시된 저작물의 저작재산권은 공표된 때부터 70년간 존속한다. 다만, 이 기간 내에 저작자가 사망한 지 70년이 지났다고 인정할 만한 정당한 사유가 발생한 경우에는 그 저작재산권은 저작자가 사망한 후 70년이 지났다고 인정되는 때에 소멸한 것으로 본다.

② 다음 각 호의 어느 하나에 해당하는 경우에는 제1항의 규정은 이를 적용하지 아니한다.

 1. 제1항의 기간 이내에 저작자의 실명 또는 널리 알려진 이명이 밝혀진 경우

 2. 제1항의 기간 이내에 제53조 제1항의 규정에 따른 저작자의 실명등록이 있는 경우

제41조(업무상저작물의 보호기간)

업무상저작물의 저작재산권은 공표한 때부터 70년간 존속한다. 다만, 창작한 때부터 50년 이내에 공표되지 아니한 경우에는 창작한 때부터 70년간 존속한다.

제42조(영상저작물의 보호기간)

영상저작물의 저작재산권은 제39조 및 제40조에도 불구하고 공표한 때부터 70년간 존속한다. 다만, 창작한 때부터 50년 이내에 공표되지 아니한 경우에는 창작한 때부터 70년간 존속한다.

저작재산권의 보호기간은 저작자가 사망했거나 창작 또는 공표가 있었던 해의 다음 해부터 기산하는 것이 원칙이다. 예컨대, 2000년 12월 5일에 저작자가 사망했거나 저작물이 창작 또는 공표되었다면 2001년 1월 1일부터 계산하여 2070년 12월 31일까지 보호된다는 뜻이다. 다만, 우리나라의 경우 저작자가 1962년 12월 31일 이전에 사망했거나, 업무상저작물에 해당하여 발행일을 기준으로 보호기간이 기산되는 저작물의 경우에 1962년 12월 31일 이전에 발행되었다면 2013년 7월 1일 시행된 사후 또는 공표 후 70년 보호기간의 연장이 적용되지 않는다.

구체적으로 이를 예시하면 다음과 같다.

지식재산권 보호기간

	사후 50년 적용		사후 70년 적용	
사망 년도	1961	1962	1963	1974
사후 보호기간	1962.01.01.~ 2011.12.31.	1963.01.01.~ 2012.12.31.	1964.01.01.~ 2033.12.31.	1975.01.01.~ 2044.12.31.
저작자	어니스트 헤밍웨이	헤르만 헤세	염상섭	파블로 피카소
대표작	『누구를 위하여 종은 울리나』, 『무기여 잘 있거라』, 『노인과 바다』 등	『데미안』, 『유리알 유희』, 『수레바퀴 밑에서』	『만세전』, 『삼대』, 『표본실의 청개구리』 등	「아비뇽의 처녀들」, 「게르니카」 등

저작권의 진화

4. 무대 뒤에도 권리가 존재한다

_ 저작인접권의 탄생

새로운 해석도 창작

저작인접권은 말 그대로 "저작권에 이웃해 있는, 곧 저작권에 준하는 권리"를 말한다. 우리 저작권법에서는 실연자, 음반제작자 그리고 방송사업자에게 저작인접권을 부여하고 있는데, 이들은 저작물의 직접적인 창작자는 아니지만 그것을 해석하고 전파함으로써 문화 발전에 이바지하는 공로가 크므로 그러한 행위에 일종의 정신적 창작성을 인정하여 저작권에 인접하는 배타적 권리를 인정한 것이다. 특히 저작물의 복제 및 전파 수단이 급속도로 발전함에 따라 이들이 입는 경제적 타격도 무시할 수 없는 정도에 이르렀기 때문에 이를 조정한다는 측면에서 저작인접권에 관해서는 국내뿐만 아니라 국제적으로도 관심이 커지고 있다.

실연자

실연實演이란 "저작물을 연기·무용·연주·가창·연술 그 밖의 예능적 방법으로 표현하는 것을 말하며, 저작물이 아닌 것을 이와 유사한 방법으로 표현하는 것을 포함하는 개념"이다. 이 가운데 국적주의 원칙에 따라 우리 국민이 행한 실연은 저작인접권으로 보호된다. 국적주의란 일반적인 저작권 보호의 기준인 행위지주의와는 다른 것으로, 우리나라 국민이 행한 실연은 국내에서 이루어진 것뿐만 아니라 외국에서 이루어진 것도 보호의 대상이 된다는 뜻이다. 따라서 우리 국민에 속하는 자연인은 물론 우리나라 법률에 의해 설립된 법인이나 우리나라 안에 주된 사무소가 있는 외국법인의 실연은 보호되지만, 우리나라 안에서 행해진 실연이라도 그것이 외국인에 의해 행해졌다면 우리 저작권법에 따른 저작인접권 보호의 대상이 되지 않는다.

또 우리나라가 가입 또는 체결한 조약에 따라 보호되는 실연 역시 저작인접권의 보호대상이다. 아울러 우리 저작권법에 의해 저작인접권으로 보호되는 음반에 고정된 실연, 우리나라가 보호해야 할 외국음반에 수록된 외국인의 실연, 우리 저작권법에 의해 보호되는 방송으로 송신된 실연 등도 저작인접권 보호 대상이다.

음반제작자

국적주의 원칙에 의거하여, 우리나라 국민이 음반제작자인 음반音盤은 저작인접권으로 보호된다. 또한 우리 법률에 의해 설립된 법인이나 우리나라 안에 주된 사무소가 있는 외국법인을 음반제작자로 하는 음반도 저작인접권으로 보호된다. 음을 맨 처음 고정한 곳이 우리나라인 음반 역시 보호대상인데, 이는 국적주의와는 달리 고정지주의에 따른 것으로, 최초의 녹음을 행한 곳이 우리나라이면 그 음반제작자가 외국인이라도 보호한다는 뜻이다.

아울러 우리나라가 가입 또는 체결한 조약에 따라 보호되는 음반으로서 체약국 내에서 최초로 고정된 음반도 저작인접권의 대상이다. 우리나라가 가입 또는 체결한 조약은 제네바음반협약뿐이므로 이 협약에 따라 보호되는 외국음반은 국내 저작권법에 의해 저작인접권으로 보호된다. 그런데 음반협약에서는 국적주의를 원칙으로 하기 때문에 우리로서는 음반협약 체약국의 국민을 음반제작자로 하는 외국음반만을 보호하면 된다.

방송사업자

음반에서와 마찬가지로 방송사업자가 우리나라 국민인 경우, 그가 행하는 방송은 저작인접권으로 보호된다. 그리고 방송사업자의 국적과는 관계없이 그 방송이 우리나라 안에 있는 방송설비로써 행해진다면 역시 저작인접권 보호대상이다. 그 밖에 우리나라가 가입 또는 체결한 조약에 따라 보호되는 방송이면서 효력이 미치는 나라의 방송사업자가 그 나라 안에 있는 방송설비로 행하는 방송 역시 국내법의 저작인접권으로 보호받을 수 있다.

한편, 이 같은 저작인접권의 권리주체인 실연자·음반제작자·방송사업자에게 부여된 권리는 저작자에게 주어진 저작권과는 별개의 권리이므로 저작권을 행사함에 있어, 저작인접권의 방해를 받지 않는다. 결국 실연 및 음반·방송에 사용된 저작물의 이용을 위해 저작권자의 허락을 구할 경우, 저작인접권자에 의해 그 허락이 좌우되는 것이 아니다. 반대로 저작인접권자의 허락이 필요한 경우에는 저작권자의 허락 유무와는 관계가 없다는 뜻이다.

예컨대, '갑'이라는 가수가 '을'이라는 음반회사에서 음반을 냈는데, '병'이라는 방송사에서 그 음반에 수록된 가요를 방송하고 그 방송을 녹음했다면 저작인접권자인 갑·을·병 등의 권리가 작용하는 것은 당연하지만, 그 이전에 음반에 수록된 가요의 작사자와 작곡자의 권리인 저작권 또한 당연히 작용하게 된다.

생각+ 대박난 블로그의 정체

정보통 군의 블로그는 단연 돋보인다. 조만간 자기 분야에서 파워 블로거가 되고야 말겠다는 듯 매일 블로그를 단장하는 일에 정성을 쏟고 있다. 친구들도 정보통 군의 블로그를 수시로 방문하고 감탄하는 메시지를 남기곤 한다. 특정분야에 관한 깊이 있는 지식이나 구체적인 사건에 대한 날카로운 비평 혹은 단상이 담겼다기보다는 주로 관련 정보들을 총망라하여 파노라마식으로 보여주는 방식으로 운영되는 게 특색이었다. 이를테면, 새로운 스마트폰이 출시되면 이를 제대로 사용하는 방법이 수많은 이용자들의 블로그와 링크되면서 소개된다거나, 유튜브 등 공유 사이트에 올라 있는 관련 자료들을 재빠르게 소개하는 식이었다.

방문자들이 늘어나자 우쭐해진 정보통 군, 뭔가 새로운 걸 서비스해야겠다고 생각한 끝에 블로그 방문자들에게 근사한 음악을 선사하기로 하고는 음원을 물색하기 시작했다. 그렇게 해서 결정된

저작권의 진화

음악은 정보통 군이 평소에 즐겨 들었던 차이코프스키의 발레음악 「백조의 호수」였다. 음원은 위대한 지휘자 '헤르베르트 폰 카라얀'이 지휘봉을 잡고, 베를린 필하모닉 오케스트라가 연주한 곡으로, 어느 음반회사에서 발매한 CD에서 뽑아낸 것이었다. 마침내 '백조의 호수' 음원을 자기 블로그에 탑재한 정보통 군. 누구든지 정보통의 블로그에 접속하는 순간 자동으로 음악이 흘러나오게 하자 더 많은 친구들이 "고상한 음악까지 좋아할 줄은 몰랐다"며 아우성이었다. 신이 절로 난 정보통 군의 어깨는 날이 갈수록 으쓱해져만 갔다.

그러던 어느 날, 학교에서 만난 친구 김바름 군이 걱정스럽다는 듯이 말을 건넸다. "정보통, 네 블로그에 올린 음악, 그거 저작권 침해 아니냐? 허락은 받고 올린 거야?" 정보통은 바름이 클래식 음악을 몰라도 너무 모른다 싶어 기가 막혔다. 차이코프스키가 어느 때 사람인데 저작권 운운하는 건지……. "그건 차이코프스키라는 사람이 작곡한 「백조의 호수」란 건데, 작곡가 차이코프스키는 러시아 사람으로 1840년에 태어나서 1893년에 세상을 떠났거든. 그러니까 저작권이 소멸되었단 말이지. 그 정도는 알아보고 올린 것 아니겠냐?"

하지만 바름 군은 고개를 갸우뚱거리며 의아한 표정을 감추지 않았다. 과연 정보통의 말대로 음악 「백조의 호수」에 대해서 저작권 침해 문제는 전혀 없는 것일까?

저작권법 제1조에 "이 법은 저작자의 권리와 이에 인접하는 권리를 보호하고 저작물의 공정한 이용을 도모함으로써 문화 및 관련 산업의 향상발전에 이바지함을 목적으로 한다"고 규정하고 있다. 여기서 주목해야 할 표현으로 '저작자의 권리' 그리고 '이에 인접하는 권리'라는 게 있다. '저작자의 권리'란, 말 그대로 저작권, 즉 '저작인격권'과 '저작재산권'을 가리키는 말이다. 그렇다면 '이에 인접하는 권리'란 무엇일까?

앞서 살핀 것처럼 현행 저작권법에서는 이른바 '저작인접권'에 대해 다루고 있다. 저작인접권은 권리의 성질로 보아 직접 창작한 사람에게 부여하는 권리가 아니라는 점에서 저작권과는 본질적으로 다르기는 하지만, 엄연히 실연자 등 저작인접권자에게 주어지는 재산권인 동시에 배타권이다. 그렇다면 지휘자 '카라얀'을 비롯한 오케스트라 연주자들은 '실연자'로서 저작인접권자가 된다. 참고로 카라얀은 1989년에 세상을 떠났다.

다음으로 '음반'이란, "음이 유형물에 고정된 것을 말하며, 음이 영상과 함께 고정된 것은 제외하는 개념"으로 음이 고정된 유형물로서의 콤팩트디스크CD나 롱플레잉LP 레코드판 등의 매체가 아니라 이에 수록된 저작물로서의 콘텐츠를 가리킨다. 음반이 일상적으로 매체를 의미하는 용어로 사용되기 때문에 오해를 방지하기 위해 이러한 콘텐츠를 '음원'이라고 부르기도 한다. 따라서 MP3 등 일정한 포맷으로 디지털화한 파일들도 음반에 해당한다.

한편, 저작권법상 음반이란 반드시 그 고정된 내용이 음악이거나 그 밖에 다른 저작물일 필요는 없다. 새소리, 물소리 등 자연에서 나는 소리이거나 즉흥적으로 낭송되는 시를 녹음한 것도 음반이 될 수 있다는 뜻이다. 다만, 음이 영상과 함께 고정된 것은 영상저작물로 분류되므로 음반이 아니다. 따라서 뮤직비디오의 경우 비록 그것이 음반을 주요 내용으로 하고 있지만 음반이 아니라

저작권의 진화

영상저작물로 취급된다는 점에 주의할 필요가 있다.

그렇다면 카라얀이 지휘하는 베를린 필하모닉 오케스트라의 연주 실황을 음반에 담은 사람이 곧 '음반제작자'가 되므로 그에게도 또한 '저작인접권'이 주어지게 된다. 위의 사례에서 정보통군이 어떤 음반에서 음원을 가져왔는지는 모르지만, 이런 점까지 고려하지 않았다면 저작인접권 침해로부터 자유로울 수 없다.

마지막으로, 방송사업자의 권리에는 재산권으로서의 복제권과 동시중계방송권이 있다. 국제적으로는 무선통신에 의한 것만 방송으로 보고 있지만 우리의 경우에는 유선통신에 의한 송신, 즉 유선방송도 방송 개념에 포함시킨다는 점에 유의해야 한다.

이러한 저작인접권의 보호기간은 실연의 경우에는 그 실연을 한 때, 음반의 경우에는 그 음을 맨 처음 음반에 고정한 때, 방송의 경우에는 그 방송을 한 때부터 발생하며, 인격권을 제외하고 다음 해부터 기산하여 50년간 존속한다. 실연, 음반, 방송을 실무와 연관시켜 분류해 보면 다음 표와 같다.

실연, 음반, 방송 분류표

분 류	종 류	복제물 형태
실연	가창, 연주, 반주, 연기, 음성연기 (더빙, 해설 포함), 무용, 지휘 등	Tape, CD, DVD, USB, 비디오테이프 등
음반	대중음반, 클래식음반, 국악음반, 동화, 어학 교재 등	Tape, CD, DVD, USB 등
방송	라디오 방송물, TV 방송물 등	CD, DVD, USB, 비디오테이프 등

출처 : 저작권법 시행규칙 저작인접권 등록신청서, 별지 제7호 서식

4장. 인공지능^{AI} 시대
: 창작자와 저작권의 행방

무엇일까?

• AI가 만들어낸 것을 저작권법으로 보호하지 않는 이유는 무엇일까?

• AI를 활용한 창작 활동이 모든 예술 분야로 확산되고 있는 추세인데, 장점과 단점은 무엇일까?

• 연구윤리뿐만 아니라 학습윤리 또한 매우 중요한 까닭은 무엇일까?

• 앞으로 AI와 인간의 조화로운 공존을 위해 필요한 것은 무엇일까?

1. 인공지능이 창작의 무대에 올랐다

_ 새 시대의 저작권

창작성의 정도

저작권은 저작물을 보호하기 위해 만들어진 권리이다. 여기서 저작물이란 "인간의 사상이나 감정을 표현한 창작물"을 말한다. 곧 저작물의 창작자^{저작자}에게 자기 저작물의 이용에 관한 배타적인 권리를 부여하고, 그 저작물을 다른 사람이 이용할 때에는 저작권자의 허락을 필요로 하며, 그러한 허락을 얻지 않고 이용하는 행위를 위법으로 규정하는 것이 바로 저작권 보호의 원칙이다. 저작권법에 따르면, 이렇게 저작물을 창작한 저작자에게는 '저작인격권'과 '저작재산권'이 부여된다.

다만, 대법원 판례에 따르면 "저작권법상 '창작성'이란 완전한 의미의 독창성을 말하는 것은 아니며, 단지 어떠한 작품이 남의 것을 단순히 모방한 것이 아니고 각자 자신의 독자적인 사상 또는 감정의 표현을 담고 있음을 의미할 뿐"이라고 한다. 나아가 "이러한 요건을 충족하기 위해 단지 저작물에 그 저작자 나름대로 정신적 노력의 소산으로서의 특성이 부여되어 있고, 다른 저작자의 기존 작품과 구별할 수 있을 정도면 충분하다"고 함으로써 창작성의 정도를 높게 요구하지 않는 입장을 보이고 있다.

그렇다면 AI를 활용한 창작행위에도 저작권이 부여될까? 저작권이 발생한다면 저작권자는 누구인가? 이 같은 의문과 논란은 AI가 예술 활동에도 관여하게 되면서 AI의 창작물에 대한 저작권 논쟁과 맞물려 가열되고 있다. AI가 작성한 문학작품이나 그림과 음악 등이 실제로 등장하고 있지만, 저작권법을 비롯한 관련 법제에는 AI가 생산한 창작물의 소유권이나 저작권에 관한 명확한 규정이 없다 보니 생기는 일이다. 바야흐로 저작물과 저작권에 관한 본질적 문제가 AI로 인해 촉발되고 있는 중이다.

매체 중심에서 내용 중심으로

나아가 저작물의 디지털화는 저작물 이용 양상에도 큰 변화를 가져왔다. 매체 중심에서 내용 중심으로 이용행태가 변화했다는 것을 비롯해 복제 및 접근의 개념에 혼란이 생겼고, 그 밖에도 문서수집 방식의 변화, 사적 이용과 공정이용에 대한 판단의 변화 등이 뒤따랐다. 이 같은 저작물 이용 방식의 변화는 다음과 같이 네 가지 양상으로 요약할 수 있다.[1]

저작권의 진화

첫째, 디지털 기술은 저작물 이용 행태를 매체에서 내용 중심으로 변화시켰다. 아날로그 환경에서 저작권법은 매체에 고정된 저작물을 대상으로 작용했다. 저작물은 매체에 고정되어야만 유통되고 인식될 수 있었으며, 저작물 유통은 곧 매체의 유통이라고 할 수 있었다. 따라서 저작권법은 기본적으로 고정할 수 있는 권리, 즉 '복제권' 중심이기에서 '출판법'에 가까웠다. 그러나 디지털 기술이 발달하면서 '매체 physical, tangible medium'가 움직이는 것이 아니라 '저작물 works, contents'이 스스로 움직이게 되었다. 매체의 유통에서 내용물의 유통으로 바뀐 것이다.

둘째, 디지털 기술은 복제 및 접근의 개념에 혼란을 가져왔다. 전통적으로 저작물은 고정 매체에 복제하는 방식이나, 인쇄물에 접근해 내용을 훑어보는 방식으로 이용되었다. 후자는 아날로그 환경에서는 복제의 개념에 포함되지 않지만 디지털 환경에서는 비록 일상적인 정보접근이라 하더라도 항상 복제와 관련될 수밖에 없게 되었다. 복제에 대한 배타적인 권리는 저작재산권자의 가장 기본적인 권리인 반면, 접근은 '제한된 범위'에서 모든 이용자에게 주어진 권리라고 할 수 있다. 만일 디지털 환경에서 접근이 곧 복제라면 그동안 이용자에게 주어진 정보접근권은 상실된다는 점에서 혼란이 가중되고 있다.

셋째, 디지털 환경은 문서 수집 및 보존과 관련해 중대한 시사점을 제기하고 있다. 사회문화적 담론의 기록물, 학문의 결과물, 과학논쟁 등은 사회에서 가장 중요한 창작물이다. 전통적 정보 커뮤니케이션 환경에서 도서관이 이런 출판물들을 수집하고 보존했다. 그러나 디지털 환경에서는 라이선스 체결이 점차 확대됨으로써 계약에 따라 분명하게 인정받은 경우에만 문서수집이 허용되고, 계약기간이 끝난 후에는 데이터를 보관할 수 없게 된다. 아울러 불안정한 기술적 지식 기반, 불충분한 자금, 저작권 책임에 관한 문제, 대규모 집합적 노력의 부족 등으로 디지털 환경에서의 문서수집과 보존상의 문제가 생기고 있다.

넷째, 디지털 기술의 특징은 사적 이용과 공정이용에 있어서 개인의 비상업적 복제의 합법성 여부에 관한 문제를 제기했다. 저작권은 전통적으로 공공의 행위, 즉 공표 및 공연과 관련되어 있다. 그러나 정보 하부구조가 발전함에 따라 개인적 이용이 시장에 막대한 영향을 미칠 수 있으며, 공중과 개인 간의 구분이 모호해질 수 있기 때문이다.

AI를 둘러싼 저작권 쟁점과 국제적 동향

오늘날 AI가 엄청난 영향력을 갖게 된 것은 빅데이터와 이를 기반으로 학습하는 기계학습 머신러닝 기술 덕분이다. 과거 정해진 알고리즘대로 역할을 수행하던 것이 이제는 방대한 데이터를 바

저작권의 진화

탕으로 스스로 학습하고 발전할 수 있게 된 것, 즉 인간의 학습방식을 모사하기 시작한 것이다. 이처럼 사람이 아닌 AI 곧 컴퓨터 프로그램이 만드는 저작물뉴스기사, 바둑기보, 문학·미술·음악 작품 등은 현행법에 따르면 저작물이 아니다. 따라서 저작권자도 없는 셈이다. 다만, AI를 운용하는 프로그램, 즉 컴퓨터 프로그램 제작자에게 해당 프로그램에 대한 저작권이 주어질 뿐이다.

이처럼 AI를 둘러싼 혼란한 양상은 우리나라뿐만 아니라 세계적인 추세로 보인다. 미국의 경우 지난 2022년 2월 AI가 만든 작품에 대한 저작권 보호 요청을 저작권청이 거부하는 사례가 있었다. 어느 AI 과학자가 2018년에 이미 AI 창작물을 자신의 이름이 아닌 AI 알고리즘을 저작자로 등록하려고 했으나 반려된 바 있는데, 2020년에 다시 저작권 등록을 시도했으나 결국 실패한 것이다. 미국 저작권청은 저작권이란 인간의 지적 노력의 성과물을 보호하는 권리라는 점을 강조하면서, 사람의 예술적 의도나 창의성 없이 자동 생성된 AI 창작물에 대해 저작권을 인정할 수 없다는 이유를 들어 저작권 등록 요구를 거절했다.

하지만 유럽연합EU의 양상은 사뭇 진보적이다. EU는 2012년부터 로봇법RoboLaw 프로젝트를 통해 AI의 인격에 대해 논의했으며, 프로젝트의 결과로 2014년 5월 로봇규제지침을 발표했다. AI의 발명과 콘텐츠에 대해 특허권, 상표권, 저작권 등 지식재산으로서 보호할 필요가 있다는 내용이다. 나아가 2017년에는 AI 로봇을 생명체로 인정하겠다는 이른바 '로봇 시민권 권고안'을 통과시키면서 전자인간에 대한 시민권을 부여하겠다고 밝혔다. 최종적으로 AI 로봇이 자연인으로서 인정된다면 인간의 개입 없이 만든 AI 창작물에 대한 권리와 책임도 가질 수 있다는 점에서 충격적인 일이 아닐 수 없다. 또한 2023년 12월 19일, 유럽의회는 인공지능법 AI Act 에 대한 잠정 합의에 도달했다. 이는 유럽 내에서 생성형 인공지능 저작권 이슈와 관련된 또 다른 이정표가 되었다. 이 합의는 기본권, 민주주의, 법치, 그리고 환경적 지속가능성을 고위험 인공지능인 프론티어 AI Frontier AI: 성능이 너무 뛰어나 공공 안전에 위협을 초래할 수 있는 인공지능 로부터 보호하는 것을 목표로 하고 있다. 이는 유럽을 AI 분야의 리더로 만들면서 혁신을 촉진하려는 의도를 담고 있다.

미국 저작권청 AI 보고서

미국 저작권청이 2025년 1월 저작권 보호 가능성에 대한 보고서 「저작권과 인공지능, 2부: 저작권 보호 가능성 Copyright and Artificial Intelligence, Part 2: Copyrightability」을 발표했다. 이 보고서에서는 AI가 생성한 콘텐츠의 저작권 보호 여부를 둘러싼 법적·정책적 쟁점을 상세히 분석하고 있다. 요컨대, AI가 단독으로 생성한 콘텐츠는 저작권 보호 대상이 될 수 없으며, 인간 창작자가 창작과정에 실질적으로 기여한 경우에 그 부분만 보호될 수 있음을 명

저작권의 진화

확히 했다.

보고서는 2023년 8월 발표된 Notice of Inquiry^{NOI: 의견 요청 공}
고에 대한 응답으로 작성되었으며, AI 저작권 보호와 관련한
10,000개 이상의 의견을 수렴해 분석한 결과를 담고 있다. 그리고
미국 저작권청은 기존 저작권법이 AI 관련 저작권 문제를 해결하
는 데 충분하며, 추가적인 법 개정은 필요하지 않다는 결론을 내
렸다.

보고서에 따르면 AI 생성 콘텐츠의 저작권 보호 여부를 판단하
는 주요 원칙을 다음과 같이 정리했다.

> AI가 단독으로 생성한 콘텐츠는 저작권 보호 대상이 아니다.

미국 저작권청은 저작권법이 '인간 창작자^{human authorship}'를 전
제로 한다는 기존 법적 해석을 재확인하며, AI가 단독으로 생성
한 콘텐츠는 저작권 보호를 받을 수 없다고 밝혔다. 이는 기존 판
례를 반영한 것으로, 특히 2023년 미국 연방법원이 AI가 생성한
이미지의 저작권 등록을 거부한 사건^{Thaler v. Perlmutter}을 주요 근
거로 제시했다. 당시 법원은 "저작권은 인간이 창작한 원작에만
부여된다"고 판결한 바 있다. 즉, AI 모델이 자동으로 생성한 텍스
트, 이미지, 음악, 영상 등은 법적으로 보호받을 수 없다는 것이 미
국 저작권청의 공식 입장이다.

AI 프롬프트Prompt 작성만으로는 저작권 보호가 불가능하다.

이 보고서에서는 생성형 AI에 입력되는 프롬프트만으로는 저작권 보호를 받을 수 없다고 명확히 밝혔다. 프롬프트는 AI에게 전달되는 지시사항에 불과하며, 이는 저작권법상 보호받지 못하는 아이디어에 해당한다는 것이다. 곧 프롬프트가 아무리 상세하더라도 AI가 이를 어떻게 해석하고 표현할지에 대한 통제력이 부족하기 때문에 인간의 창작적 기여로 인정받기 어렵다고 설명하고 있다.

예컨대, "고양이가 파이프를 피우며 신문을 읽는 모습"이라는 프롬프트를 입력했을 때, AI가 이를 어떻게 표현할지는 사용자가 통제할 수 없는 부분이다. 따라서 프롬프트만으로는 저작권 보호를 주장하기 어렵다는 결론을 내리고 있다. 보고서는 또한, 프롬프트를 반복적으로 수정하고 입력하는 과정에서도 인간의 창작

Prompt	Output
professional photo, bespectacled cat in a robe reading the Sunday newspaper and smoking a pipe, foggy, wet, stormy, 70mm, cinematic, highly detailed wood, cinematic lighting, intricate, sharp focus, medium shot, (centered image composition), (professionally color graded), ((bright soft diffused light)), volumetric fog, hdr 4k, 8k, realistic	

출처: Copyright and Artificial Intelligence, Part 2: Copyrightability 19쪽

저작권의 진화

적 기여가 충분히 반영되지 않는다면 저작권 보호를 받을 수 없다고 강조했다. 위의 예시에서 고양이의 품종, 크기, 포즈 등 프롬프트가 지정하지 않은 요소에 대해서는 AI가 결정했다.

> AI가 창작을 보조하는 도구로 사용되었다면 저작권 보호가 가능하다.

AI가 단순히 창작 보조 도구로 사용되었을 경우, 최종 결과물은 인간 창작자의 저작권으로 보호를 받을 수 있다. 예컨대, 사진 보정 소프트웨어를 이용해 이미지를 수정하는 경우, AI 도구를 활용해 작곡에 도움을 받은 경우, AI가 생성한 콘텐츠를 사람이 수정·배치·편집하여 최종적으로 완성한 경우 등이 여기에 해당한다. 이처럼 AI가 창작을 보조하는 역할을 했으며, 인간이 최종적인 창작적 결정을 내렸다면 저작권 보호가 가능하다고 보았다.

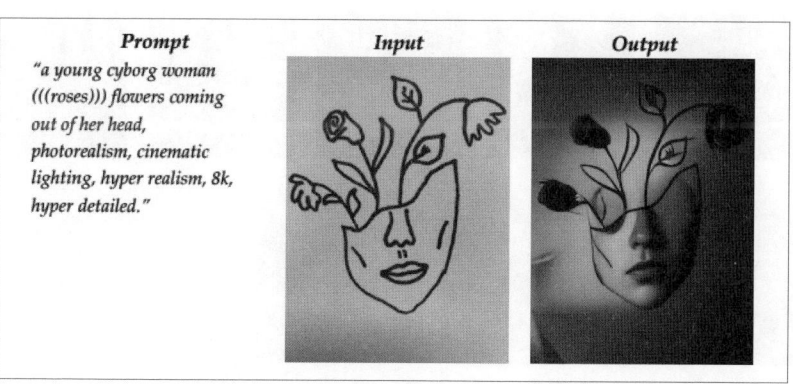

출처: Copyright and Artificial Intelligence, Part 2: Copyrightability 23쪽

앞의 예시에서 이용자가 입력한 윤곽 및 꽃과 얼굴 형상의 배치 등은 보호될 수 있지만, 그 외 상세한 장미와 얼굴의 질감과 채색 등은 AI가 결정한 요소이므로 보호되지 않는다.

> AI 생성물에 인간 창작자가 실질적으로 기여한 경우, 부분적으로 저작권 보호가 가능하다.

인간 창작자가 AI 생성물의 표현방식을 결정하거나 직접 수정·편집하는 경우, 해당 창작 부분에 한해서는 저작권이 인정될 수 있다. 예컨대, AI가 생성한 초안을 인간이 직접 수정하고 내용을 재구성한 경우, AI 생성 이미지에 인간이 추가적인 디자인을 입히고 독창적인 요소를 가미한 경우, AI가 만든 음악을 인간이 직접 편곡하거나 일부 수정한 경우 등이 여기에 해당한다. 이런 경우, 인간이 기여한 부분에 대해서만 저작권 보호가 가능하며,

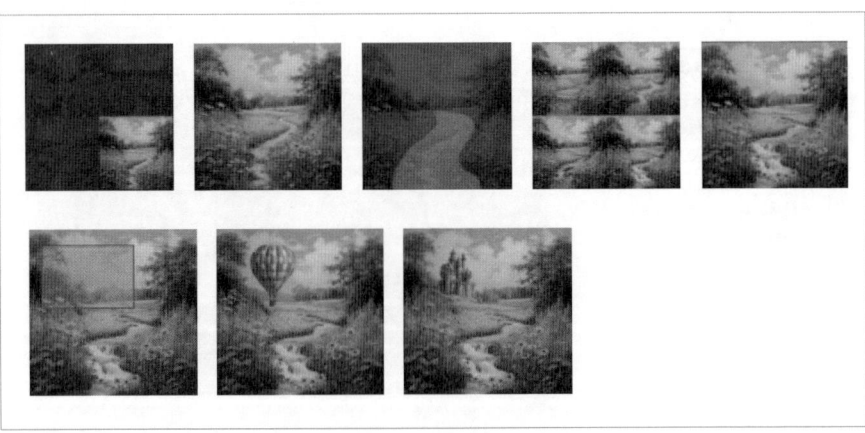

출처: Copyright and Artificial Intelligence, Part 2: Copyrightability 26쪽

저작권의 진화

AI가 생성한 부분은 보호 대상이 되지 않는다.

앞의 예시에서 AI 시스템의 이용자는 수정할 부분을 자유롭게 그려서 선택하고, 기존 산출물에 없던 요소를 추가하는 등 수정을 가하고 있다.

한편, 미국 저작권청은 기존 저작권법 내에서 AI 관련 문제를 해결할 수 있으며, 새로운 법률 개정은 필요하지 않다는 입장을 유지하고 있다.

또한, 보고서에서는 AI 기술이 장애인 창작자들에게도 유용한 도구가 될 수 있다는 점을 강조하고 있다. 예컨대, 텍스트-음성 변환Text-to-Speech 기술이나 시각 예술 생성 알고리즘은 장애인들이 창작 활동을 할 수 있도록 돕는 중요한 도구가 될 수 있다는 것이다. 그러므로 이러한 기술이 인간의 창작적 기여를 보조하는 도구로 사용되는 경우에는 저작권 보호가 가능하다고 설명하고 있다. 실제로 미국 저작권청은 '랜디 트래비스Randy Travis'라는 음악가의 AI 보조 음원에 대해 저작권 등록을 승인한 사례를 소개했다. 이 사례에서 AI는 인간의 창작적 기여를 보조하는 도구로 사용되었으며, 최종 결과물은 인간의 창작적 기여가 충분히 반영된 것으로 판단했다.

 미국 저작권청 보고서 확인 자료

 미국 저작권청 AI 보고서 공식 웹사이트
Copyright and Articial Intelligence, Part2: Copyrightability

미국 저작권청의 이번 보고서는 AI 저작권 논쟁에 대한 중요한 기준을 제시한 것으로 평가된다. 보고서는 AI와 인간 창작자의 기여도를 구별하는 것이 핵심이며, AI가 전적으로 생성한 콘텐츠는 보호받을 수 없다는 입장을 명확히 했다는 점에서 시사하는 바가 크다. 하지만 AI 기술이 발전할수록 인간과 AI의 창작적 기여도를 정확히 구분하는 것이 점점 더 어려워지고 있으며, 특히 생성형 AI가 점점 더 인간과 유사한 방식으로 콘텐츠를 생산하게 될 것이라는 점에서 저작권 보호 기준을 새롭게 정립해야 할 필요성이 나날이 커지고 있다. 따라서 향후 AI를 둘러싼 저작권 논의는 법원 등에서 구체적인 사례별 판단이 더욱 중요해질 것으로 예상된다.

한국저작권위원회의 AI 활용안

최근 생성형 인공지능Generative Artificial Intelligence, 이하 'GAI' 기술이 비약적으로 발전하면서 콘텐츠 창작의 패러다임이 크게 변화하고 있다. 이러한 변화에 발맞추어 우리나라 문화체육관광부와 한국저작권위원회는 GAI 결과물의 저작권 등록 가능성과 GAI 결과물로 인한 저작권 분쟁을 예방하기 위한 방안을 안내하고자 「생성형 인공지능 활용 저작물의 저작권 등록 안내서 이하 '저작권 등록 안내서'」와 「생성형 인공지능 결과물에 의한 저작권 분쟁 예방 안

　　　　　　　　　　　저작권의 진화

내서 이하 '저작권 분쟁 예방 안내서'」를 발간했다.

저작권 분쟁 예방 안내서에 따르면 GAI 산출물이란 인간의 지시에 따른 결과물 중 인간의 창작적 기여가 없는 GAI 결과물을 가리킨다. 반면, GAI 활용 저작물이란 "인간이 창작 과정에서 GAI를 도구로 활용하여 만들어낸 결과물로서 인간의 창작적 기여가 인정될 수 있는 부분이 있는 것"을 말하며, ① 이용자가 자신의 저작물을 프롬프트로 입력하여 생성된 GAI 결과물에 그 저작물의 창작성이 나타난 경우, ② 이용자가 GAI 산출물을 수정·증감 등 '추가 작업'한 부분에 창작성이 있는 경우, ③ GAI 산출물을 선택하고 배열 또는 구성한 것이 창작성이 있는 경우 등이 그 예시에 해당한다.

각각의 안내서에 담긴 주요 내용을 살펴보면 다음과 같다.

GAI 활용 저작물의 저작권 등록

가. 저작권 등록 요건

저작물은 "인간의 사상 또는 감정을 표현한 창작물^{저작권법 제2조 제1호}"이기 때문에, 인간이 아닌 GAI가 기계적으로 만들어낸 GAI 산출물은 저작물의 성립요건을 갖추지 못한다. 다만, 인간이 창작 과정에서 GAI를 도구로 활용하여 만들어낸 결과물로서 인간의 창작적 기여가 인정될 수 있는 부분은 저작물에 해당하여 저작물 등록이 가능하다.

저작권 등록 안내서는 GAI 산출물을 기초로 인간이 추가로 작업한 부분에 '통제가능성'과 '예측가능성'이 확보된다면 창작적 기여가 인정될 여지가 높다고 안내하고 있다. 여기서 통제가능성이란 창작자가 표현하고자 하는 바를 결정하고 그 결정에 따라 표현 방법 및 과정을 주도할 수 있는지를 의미하며, 예측가능성은 창작자가 표현하고자 하는 바를 의도한 대로 나타낼 수 있는지를 의미한다.

이러한 통제가능성과 예측가능성을 확보하기 위해서는 위치를 조정하고 추가적인 시각적 요소를 입력함으로써 결과물을 유도하는 방식이나, 인간이 창작한 밑그림을 제공하는 방식을 활용할 수 있으며, 저작권 등록 안내서는 그 예시로 미국 저작권청에서 켄트 키어시 Kent Keirsey 라는 사람이 프롬프트 입력과 인페이팅 조작을 결합하여 만든 GAI 활용 저작물 '한 조각의 아메리칸 치즈'의 저작권 등록을 허가한 사례를 소개하고 있다.

이처럼 인간의 창작적 기여는 GAI 산출물이 산출된 이후에 추가되는 경우뿐만 아니라 GAI 활용 이전에 인간의 창작이 선행된 경우에도 인정될 수 있으며, 인간이 창작한 저작물을 GAI에 입력하여 나온 결과물의 경우에도 인간이 창작한 결과물의 표현을 명확하게 인식할 수 있다면 저작권 등록이 가능하다. 원저작물을 GAI에 입력하고 GAI에서 제공하는 도구 등을 활용하여 인간이 창작적으로 기여한 경우에도, 새로운 결과물은 2차적저작물로서 저작권 등록이 가능하다.

GAI를 활용한 저작물의 경우, 결국 표현에 인간의 창작적 기여

저작권의 진화

GAI 활용 저작물 「한 조각의 아메리칸 치즈 A Single Piece of American Cheese」

가 있음을 입증하는 것이 가장 중요하므로, 저작물의 생성 및 창작 과정을 기록해둔다면 저작권 등록 및 분쟁 과정에서 중요한 증거로 활용될 수 있다.

나. 저작권 등록 일반

GAI 활용 저작물 역시 저작권 등록이 가능하나, 그 효력은 인간의 창작적 기여가 있는 부분에만 미친다. 예컨대 만화에서 글은 인간이, 그림은 GAI가 만든 경우 어문저작물로 저작권 등록이 가능하며, 등록의 효력은 글 부분에 한정해서 발생한다.

GAI 활용 저작물을 직접 창작한 사람이 저작자에 해당하며, GAI 개발자는 저작물을 창작한 사람이 아니기 때문에 저작자로 등록할 수 없다. 회사의 직원이 창작한 GAI 활용 저작물이 업무상저작물에 해당하고, 이를 회사 명의로 공표하거나 공표 예정인 경우 회사를 저작자로 하여 저작권 등록을 신청할 수도 있다.

다. 저작권 등록 실무

한국저작권위원회는 해당 신청물이 저작물에 해당하지 않는다는 점이 법률상 명백한가의 여부 등에 대한 '형식 심사'만을 진행한다. 즉, 한국저작권위원회는 GAI 활용 저작물에서 인간의 창작적 기여 정도, 저작물성 인정 범위 등 실질적인 내용에 대한 심사는 진행하지 않는다. 따라서 인간의 창작적 기여 부분이 등록신청 명세서의 저작물 내용란에 기술되어 있고, 이를 등록 신청 시 제출하는 복제물에서 확인할 수 있는 경우 저작물 등록이 가능하다.

다만, 등록신청명세서의 내용을 거짓으로 작성하여 등록한다면 저작권법에 따라 허위 등록으로 처벌될 수 있으므로, GAI 활용 저작물이 아닌 단순 GAI 산출물을 저작권 등록 신청하여 등록된 경우에 허위 등록으로 처벌받을 수 있다.

저작권의 진화

GAI 결과물에 의한 저작권 분쟁 예방

가. GAI 결과물에 의한 저작권 침해

GAI 산출물과 GAI 활용 저작물 모두 기존 저작물의 저작권을 침해할 우려가 있다. 다만, 기존 저작물과 동일하거나 유사하다고 하여 바로 저작권 침해가 되는 것은 아니며 '의거성'과 '실질적 유사성'이 인정되어야 저작권 침해가 성립할 수 있다.

여기서 의거성이란 타인의 저작권을 침해하는 사람이 특정 저작물을 인식하고 이에 근거하여 만든 것인지에 관해 판단하는 기준을 뜻하는데, 판례는 피침해 저작물에 대한 접근 가능성과 양 저작물의 유사성 등의 간접 사실이 인정되면 의거성은 추정되는 것으로 보고 있다 대법원 2014. 7. 24. 선고 2013다8984 판결.

GAI 결과물에 의한 저작권 침해 판단 기준으로서의 의거성은 이용자가 특정 저작물을 인식했는가의 여부와 함께 특정 저작물이 학습 데이터에 포함되어 있는지를 주요 요소로 하여 검토될 수 있다.

실질적 유사성이란 GAI 결과물과 기존 저작물이 같거나 유사하다고 판단하는 기준을 의미하며, 실질적 유사성 판단은 개별 사안의 구체적 맥락에 따라 이루어진다.

GAI 결과물에 의한 저작권 침해 책임은 일반적으로 해당 결과물을 생성하도록 프롬프트를 입력한 이용자에게 있다. 다만 GAI 사업자가 미세 조정인 파인튜닝 Fine-tuning 과정에서 특정 저작물을 집중적으로 추가 학습하여 GAI 모델을 만든 경우, 특정 분야

AI 개발을 목적으로 특정 저작자의 저작물을 학습하여 모델을 만든 경우에는 GAI 사업자도 별도의 저작권 침해 책임을 부담할 수 있다.

나. 권리자에 대한 안내 사항

이 안내서가 발행될 때까지, 타인의 저작물을 그 권리자의 사전 허락 없이 AI 학습에 사용하는 행위가 저작권 침해에 해당하는가의 여부에 대해 우리나라 법원의 판단이 내려진 경우는 없다. 이러한 상황에서, 저작권자가 저작물이 AI 학습에 사용되는 것을 원하지 않는 경우 홈페이지, 포털, 유튜브 채널 등에 그에 반대하는 의사를 명시하는 방법을 활용할 수 있다.

또한, 웹사이트나 데이터 저장소에 robots.txt 파일을 설정하여 크롤러 접근을 제한하는 방법, API 접근 권한을 관리하는 방법, 저작물에 저작권 정보·이용 허락 범위·출처 등의 메타데이터를 삽입하는 방법 등 기술적 수단을 활용하여 저작물이 AI 학습에 무단으로 활용되는 것을 방지할 수 있다.

다. 이용자에 대한 안내 사항

GAI 이용자가 생성한 결과물이 제3자의 저작권을 침해하는 경우 그 법적 책임은 이용자가 지게 될 가능성이 높다. 따라서 GAI 이용자는 프롬프트에 특정 저작물의 내용을 그대로 입력하거나 해당 저작물과 동일하거나 유사한 결과물이 나오도록 유도하는 표현을 입력하는 것은 지양해야 하며, 이 경우 저작권 이외에도 인격권, 초상권 등 다른 권리 침해가 문제될 수 있다.

GAI 이용자가 개인적으로 GAI 결과물을 생성하는 경우에는 저작권 침해에 해당하지 않을 수 있으나 외부에 공개하는 경우 저작권 침해 문제가 발생할 수 있으므로, 광고·출판·상업화 등 GAI 결과물을 영리 목적으로 이용하는 경우 제3자의 저작권을 침해하지 않도록 신중한 검토가 필요하다. 또한, GAI 서비스는 결과물에 대한 저작권 귀속, 상업적 이용 가능 여부 등을 약관에 명시하는 경우가 많으므로, 이용자는 약관을 확인하여 명시된 허용 범위를 초과하여 GAI를 사용하지 않도록 유의해야 한다.

라. 사업자에 대한 안내 사항

GAI 사업자는 인공지능을 개발하는 사람과 개발된 인공지능을 이용하여 서비스하는 사람으로 나뉠 수 있는데, GAI 저작물의 저작권 침해로 인한 분쟁이 발생한 경우 각 사업자 사이의 책임 소재를 밝히기 어려운 경우가 발생할 수 있다. 따라서 GAI 개발 사업자와 GAI 서비스 사업자는 범용 인공지능 이용계약 체결 시에 책임 귀속에 대한 부분까지 명확히 정하는 것이 바람직하다.

GAI 사업자 역시 저작물 이용 행위의 목적, 양태樣態, 기여 등의 제반 사정에 따라 저작권 침해 책임을 부담할 가능성이 있다. 개별 사안에서 이용자가 사용한 GAI 모델·서비스 학습 데이터의 양, 특정 프롬프트에 대한 알고리즘 설정, 특정 프롬프트 입력 여부 등을 고려하여 실질적 침해 주체가 판단되며, 구체적 사정에 따라 GAI 사업자가 저작권 침해 책임을 부담할 수 있다. 따라서 GAI 사업자는 사전에 이용허락계약을 체결하는 등 적법한 이용 권한을 확보하여 분쟁 발생 가능성을 방지하는 것이 바람직하다.

이번에 발간된 두 안내서는 GAI 결과물의 저작물성 및 GAI 결과물의 저작권 침해 여부에 대한 법원의 판단이 충분히 축적되지 않은 상황에서, GAI 결과물의 저작물 등록 가능성 및 그 기준, GAI 결과물로 인한 저작권 침해 가능성과 그 예방 방법을 구체적으로 제시했다는 점에서 의미가 있다.

그러나 개별 사안에서 GAI 결과물이 저작물로 보호받을 수 있는지, 혹은 GAI 결과물이 제3자의 저작권을 침해했는가의 여부는 최종적으로 법원이 판단할 사안이며, GAI를 활용한 창작물이 더욱 빈번하게 등장함에 따라 향후 GAI 결과물의 저작권 관련 입법이 이루어질 가능성도 매우 높다. 따라서 GAI 이용자나 GAI를 개발하거나 GAI를 이용하여 서비스를 제공하는 사업자는 이번 안내서를 참고하되 향후 새로운 법원의 판결이나 법령 제·개정 사항, 그리고 그로 인한 안내서의 후속 조치에도 지속적으로 관심을 가지고 지켜볼 필요가 있다.

저작권의 진화

2. AI가 만든 작품은 누구의 것일까

_ 분쟁이 던진 질문

AI를 활용한 창작 활동의 저작권 문제

2022년 9월, 미국 저작권청은 작가 크리스 카시타노바의 만화 「여명의 자리야」에 대한 저작권 등록을 승인했다. 하지만 저작권청은 카시타노바가 소셜미디어에 올린 게시글을 보고는 뒤늦게 그 만화작품이 AI 프로그램인 '미드저니'가 생성한 이미지들로 구성된 것이었다는 사실을 알게 됐다. 즉, 이 작품의 저작권 등록 신청을 승인한 것은 그것이 AI 생성 이미지였다는 사실을 모르고 내린 조치였던 것이다.

당국은 그해 10월 작가에게 저작권 등록을 재심사하겠다고 알렸다. 당시 카시타노바는 만화책 표지에 본인 이름과 미드저니를 공동 작가로 적시했다 반박했지만, 저작권청은 표지에 적었다 해서 "당국에 내용물의 일부 또는 전체가 AI 도구로 생성된 사실을 알렸다고 보기는 어렵다"며 "저작권 등록증은 부정확하고 불완전한 정보를 기반으로 발급된 것이기에 일단 취소한다"고 알렸다.

2023년 2월, 미국 저작권청은 작가 크리스 카시타노바의 만화
「여명의 자리야」에 대한 저작권 등록 여부를 재검토한 결과를 내
놓았다. AI 프로그램 '미드저니'는 이용자가 원하는 이미지 결과
물을 글로 설명해 입력하면 맞춤형 이미지를 생성해 주는 AI 프
로그램인데, 카시타노바는 입력란에 자신의 작품 줄거리를 적어
원하는 이미지를 얻었으며, 이를 바탕으로 만화책을 낸 것이었
다. 저작권청은 저작권 등록 여부를 다시 검토한 결과 만화책의 대
부분을 차지하는 AI 생성의 이미지 자체는 "사람 저작의 결과물
이 아니"기 때문에 저작권 보호 대상으로서의 저작물이 될 수 없지
만, 그가 쓴 글은 순수 창작물이며 이미지의 선택·배치 등 작품 구
성 또한 저작권 보호 대상이라는 결론을 내렸다.

　결국 미국 저작권청이 재심사한 결과는 '작품성의 인정' 여부
였다. 비록 AI 이미지 자체에 대한 저작권 보호는 인정되지 않았
지만 이미지 배치에 기여한 것을 작가의 저작권으로 인정했다는
점이 눈에 띄는 대목이다. 그리하여 이미지를 제외한 이미지 선
택과 배치, 스토리에 대한 저작권이 다시 등록되었다. 이에 작가
측은 "아티스트가 미드저니와 같은 이미지 생성 도구를 창의적으
로 통제한다면 그 결과를 보호받을 수 있다는 바를 명확히 한 판
결"이라고 평가했다.

　이로써 "사람이 입력한 텍스트가 AI 프로그램이 특정 이미지를
생성하는 데 있어 얼마만큼 기여했느냐"에 관한 새로운 쟁점이
생긴 것이다. 작가 측은 "과거 카메라^{사진기}의 등장이 그랬던 것처

럼 언젠가 창작물로 인정받을 날이 올 것"이라는 전망과 함께 "AI 가 생성한 이미지가 아닌 AI가 보조한 예술로 봐야 한다"는 입장도 내놓았다. 아울러 과거 사진기가 발명됐던 19세기에 정통 미술가들 사이에서 예술성 논쟁이 붙었을 때를 예로 들어 시간이 지나 사진은 엄연한 예술작품으로 인정받고 있다는 주장을 곁들였다.

공정이용 범위를 둘러싼 분쟁사례

생성형 AI는 대규모 데이터 학습을 통해 텍스트, 이미지, 음악, 영상 등을 생성하는 기술로, 인공지능이 침범할 수 없을 것으로 여겨졌던 창작의 영역에서 놀라운 성과를 보이며 무서운 속도로 발전하고 있다. 이에 따라 저작권자와 생성형 AI 기술을 제공하는 사업자 간 분쟁도 다수 벌어지고 있다.

여기서는 먼저 인터넷 아카이브와 출판사 사이에 '공정이용'을 둘러싼 분쟁사례를 살펴보고, 이어 거대언어모델Large Language Model; 이하 'LLM'의 학습을 둘러싼 분쟁사례를 살펴보고자 한다. 작가, 신문사를 비롯한 콘텐츠 생산자들과 LLM 기업들 사이에 공정이용의 범위와 한계를 두고 서로 다른 입장을 보이고 있다는 점에서 이와 유사한 분쟁이 상당수 잠재하고 있는 국내 상황에 미치는 영향과 시사점은 무엇인지 살펴볼 필요가 있다.

인터넷 아카이브 vs 출판사

2023년 뉴욕지방법원에서는 인터넷 아카이브와 출판사HACHETTE BOOK GROUP, INC. 사이에 일어난 분쟁에 대한 판결이 있었다.[2] 결론적으로 인터넷 아카이브에서 도서를 이용한 것은 변형적 이용이 아니며, 상업적 목적을 배제할 수 없으므로, 인터넷 아카이브에서 복제하여 디지털 형식으로 배포한 것은 공정이용에 부합하지 않는다고 판시했다. 또한, 도서 형태의 저작물 성격을 고려하는 경우에도 도서를 스캔하여 대여하는 행위를 공정이용으로 볼수 없으며, 이용한 저작물의 양과 질을 고려해도 도서 전체를 복제하여 이용했다는 점에서 공정이용을 인정할 수 없을 뿐만 아니라, 인터넷 아카이브의 행위는 전자책 시장에서 출판사들과 경쟁관계에 있으므로 공정이용에 해당하지 않는다고 했다.

이 판결이 주목되는 이유는 인공지능 시대를 맞이하여 진행되고 있는 공정이용의 범위 확장 여부에 대한 기대와 우려 때문이다. 비록 이 판결에서는 공정이용의 범위를 확장하지 않았지만 판결문 속에는 인공지능 및 디지털 시대를 반영한 공정이용 여부의 판단을 위한 기준들이 제시되고 있다.

사실관계를 보면 이 소송의 원고는 아셰트Hachette Book Group 외에도 하퍼콜린스HarperCollins, 와일리Wiley, 펭귄Penguin 등 미국을 대표하는 출판사들이며, 이들은 저작권자들로부터 도서의 복제 및 전자책e-Book을 포함한 아날로그 및 디지털 형식의 출판을 위한 배타적 권리를 획득하고 있었다. 피고 인터넷 아카이브이하 'IA'

저작권의 진화

는 "모든 지식에 대한 보편적인 접근"을 모토로 하고 있는 비영리 기관이다. 인터넷에서 얻을 수 있는 자료뿐만 아니라 도서 등을 디지털화하여 웨이백 머신^{Wayback Machine}이라고 불리는 웹상의 자료실을 통해 제공하고 있다. 이러한 목적에 따라 IA는 공개된 웹페이지를 이용하는 것은 물론 도서관, 박물관, 대학 등과 협력해 왔다.

특히, 이번 사건은 도서관들이 전자책을 대여하는 방법과 관련이 있다. 출판사의 전자책은 대행사에 의해 배포되었는데, 출판사들은 '동시접속불허모델^{one-copy, one-user model}' 등에 의해 이익을 확보했고, DRM은 일정한 기일이 도과하면 복제물에 대한 접근을 차단하는 방법으로 이러한 배포 모델을 가능하게 하는 기술적 수단으로 이용되었다. IA는 수백만 권의 도서를 스캔하여 archive.org 또는 openlibrary.org에서 공중이 이용하도록 하는 '열린 도서관^{Open Library}' 사업을 전개해 왔다. 제공하는 도서에는 퍼블릭 도메인^{public domain}에 속한 것도 있지만, 3만 3천여 개의 출판사들로부터 출판된 3백60만 권의 저작권 보호 도서들이 포함되어 있었다. 그렇다고 IA가 공중이 무작위로 이들 도서들을 다운로드받도록 하지는 않았다. IA는 CDL^{Controlled Digital Lending}[31]을 이용하도록 했는데, CDL은 도서를 소장한 수와 대여한 수를 1 : 1로 유지하도록 했다.

분쟁은 2020년 COVID-19 팬데믹 상황에서 싹텄다. 팬데믹 상황이 벌어지자 IA는 국가비상도서관 프로젝트를 시작했는데, IA

는 6억 5천만 권 이상의 도서들이 대여되지 않고 있다는 이유로 도서를 소장한 수와 대여한 수를 1 : 1로 유지하던 원칙을 깨고 한 번에 최대 1만 명의 고객이 전자책을 대여할 수 있도록 했다. 이러한 이용에 앞서 저작권자나 출판사들의 허락을 얻지 않음으로써 이 소송이 제기되었던 것이다.

이 판결에서 주된 쟁점으로 떠오른 공정이용의 원칙은 판례법에 따라 수용되고 발전되어 왔으며, 미국 저작권법 제107조에 성문화된 바 있다. 곧 공정이용 여부를 판단하기 위해서는 저작물 이용의 목적과 성격상업성 또는 영리성 등을 포함하여 그리고 이용된 저작물의 성격, 이용된 저작물의 양과 질, 저작물 이용이 잠재적 시장에 미치는 영향 등 네 가지를 고려해야 한다는 것이다.

이 판결에서 주목되는 것은 도서를 디지털화하여 목록을 정리하거나 도서를 찾을 수 있도록 검색정보를 제공하는 행위는 공정이용에 해당하지만 도서 그 자체를 이용하도록 하는 행위는 공정이용으로 볼 수 없다는 부분이다. 영리성에 대한 판단에서도 저작물을 이용함으로써 저작물 구매를 대체할 수 있는 자가 존재하는 경우 인정될 수 있음을 분명히 하고 있다. 이번 판결은 공정이용과 저작권 침해의 경계를 분명하게 판단하고 있다는 점에서 그 의미가 크다.

거대언어모델 vs 작가들

2025년 6월 23일 미국 캘리포니아 북부 연방지방법원은 저작

권이 있는 책을 생성형 AI 모델의 학습에 사용한 행위가 '공정이
용$^{fair\ use}$'에 해당한다고 판결했다. 작가 안드레아 바르츠 등 3명
은 2024년 8월 LLM 클로드^{Claude}를 개발·운영하는 미국 AI 기업
앤트로픽^{Anthropic}을 상대로 저작권 침해 집단소송을 제기했다. 이
들은 앤트로픽이 불법복제 전자책 사이트를 통해 수백만 권의 저
작물을 무단 수집했으며, 이를 클로드에 학습시켜 수익을 창출함
으로써 창작자의 권리를 침해했다고 주장했다.

　이 사건을 담당한 재판부는 두 쟁점을 분리해서 판단했다. 앤
트로픽이 디지털 중앙 도서관을 구축하기 위해 700만 권 이상의
책을 불법 다운로드한 행위는 저작권 침해에 해당한다고 보았다.
그러나 AI가 저작권이 있는 책들을 무단으로 학습한 행위 자체에
대해서는 "지극히 변형적"이라며 공정이용에 해당한다고 판단했
다. "작가가 되고 싶어하는 모든 독자처럼 앤트로픽의 LLM도 작
품을 복제하거나 대체하려는 것이 아니라 새로운 것을 창조하기
위해 학습했다"는 재판부의 설명은 AI 학습 행위를 창작을 위한
정당한 이용으로 본 입장을 뒷받침한다.

　비슷한 판례는 연이어 나왔다. 6월 25일 같은 법원의 다른 재판
부는 메타^{Meta} 사건에서 AI 학습이 고도로 '변형적'이라는 점을
들어 공정이용을 인정했다. 13명의 작가가 메타가 자신들의 저작
물을 AI 모델 라마$^{Llama\ Large\ Language\ Model\ Meta\ AI;\ LLaMA}$에 무단 학
습시켰다며 시장 가치의 침해를 주장했으나, 재판부는 AI 학습이
"매우 변형적"이며 저작권 침해에 해당하지 않는다고 판단했다.

이러한 미국 판례와 관련하여 국내 전문가들의 견해를 살펴보면 향후 비슷한 국내 사례와 관련하여 어떤 결과가 나올지 판단하기가 쉽지 않다는 점을 확인할 수 있다.

전문가들은 앞으로 더 많은 판례 축적이 필요하다는 전제 아래 (미국) 판결의 의미를 분석했다. 특히 앤트로픽 판결에서 법원은 AI의 학습 행위와 데이터 확보 방식을 구분해 판단했다. 해석의 무게중심을 어디에 두냐에 따라 전문가들의 평가에도 온도 차가 있었다.

박경신 고려대 법학전문대학원 교수는 법원이 AI의 학습 과정을 '복제'가 아닌 '읽기'로 간주했다는 점에 주목했다. 그는 "AI가 책을 읽을 때 책장을 넘기는 방식이 아니라 (1) 책을 파일로 전환하고 (2) 텍스트를 토큰token · AI가 텍스트를 처리할 때 사용하는 최소 단위으로 쪼개는 과정을 거치는데 이 행위들이 '읽기'보다는 '복제'에 가깝기 때문에 어떤 판결이 나올지가 쟁점이었다"라며 "이번 판결은 두 가지 과정 모두를 '책 읽기'를 위해 합리적으로 필요한 행위로 보고 공정이용을 인정한 것"이라고 설명했다. 이어 "향후 이들이 흐름으로 자리 잡을 경우 전 세계 AI 학습이 직면한 저작권 문제 전반에 영향을 미칠 것"이라고 했다.

반면 법원이 AI의 학습 행위와 데이터 확보 방식을 명확히 구분했다는 점에서 향후 쟁점은 '합법적 접근' 여부로 이동할 것이라는 분석도 제기된다. 법원은 불법 복제된 책을 디지털 도서관에 저장한 행위를 명백한 저작권 침해로 판단했다. 최승재 세종대 교수는 "AI 기업들이 학습 데이터를 확보할 때 콘텐츠 이용 허가 없이 크롤링 crawling · 소프트웨어가 웹에서 유용한 정보를 찾아 특정 데이터베이스로 수집해 오는 작업 등을 통해 수집하는 경우가 많은데, 향후 소송에서는 이러한 확보 방식의 정당성 여부가 핵심 쟁점이 될 것"이라고 내다봤다.

이번 미국 판례가 글로벌 차원에서 AI 모델 학습을 둘러싼 법체계 변화의 흐름과 맞물려 있다는 관측도 나왔다. 이재흥 시민기술네트워크 상임이사는 "이번 판결을 기존 법체계를 바꾸는 '룰 체인징 rule changing'으로 보긴 어렵지만 '공정이용'이 빅테크에 유리한 방향으로 해석되면서 창작자의 지식재산권이 상대적으로 약화되는 조짐은 뚜렷하다"고 말했다.

그는 유럽연합 EU이 AI 경쟁력 제고를 목표로 텍스트 앤 데이터 마이닝 TDM 규정을 완화한 사례를 예로 들며 "EU는 합법적으로 접근 가능한 저작물에 대해 상업적 목적의 TDM까지 허용하고 있다. 저작권자가 이에 대해 명시적으로 거부 의사를 밝히는 경우에는 제외되지만 실효성은 낮다"고 설명했다. 이어 "영국도 비영리 연구에만 허용해온 TDM 규제를 최근 완화해 EU 수준으로 개정할 것을 예고한 상태다. 창작자들의 반발이 거세다"라고 덧붙였다.

출처: 《경향신문》 박송이 기자, 「미 법원 "AI 학습, 저작권 침해 아냐" 잇단 판결 … 저작권 논쟁 새 국면 맞나」(https://www.khan.co.kr/article/202507120800001), (검색: 2025.07.30.)

현재진행형 분쟁

2023년이 저물 무렵 《뉴욕타임스》는 OpenAI 및 Microsoft를 상대로, 이들의 GPT Generative pre-trained transformer 기반 서비스가 《뉴욕타임스》의 기사를 대량으로 복제하여 학습함으로써 만들어졌고, 프롬프팅에 따라서는 학습에 사용된 기사를 거의 동일하게 출력해 낸다는 이유로, 저작권 침해를 주장하며 미국 뉴욕주 남부Southern District 연방지방법원에 소송을 제기했다.

사실 학습용 데이터를 수집하는 과정에서의 복제권 침해 여부는 이미 나왔던 판례[4]에 의해 어느 정도 정리된 바 있다. 이 사건은 인공지능 학습과는 무관하지만, 구글이 도서검색 서비스를 위해 도서를 스캔하여 저장한 행위가 공정이용으로 인정받은 사례로서, 생성형 AI의 학습용 데이터 수집 및 이용에도 동일하게 적용될 수 있기 때문이다. 반면에 도서검색 서비스와 달리 공정이용이 인정되지 않을 가능성이 있다면, 학습된 데이터를 거의 그대로 출력함으로써 복제권 침해가 발생할 수 있다는 점이다.

오픈AI는 《뉴욕타임스》가 약관에 위배되는 방식으로 수없이 많은 프롬프팅 시도 끝에 《뉴욕타임스》 기사를 그대로 출력하는 결과를 얻어냈고, 이는 AI 기술에서 해결해야 할 과적합 현상에 불과하다고 주장했다. 즉, GPT는 '상당한 비침해적 용도substantial non-infringing use'가 있기 때문에 GPT를 개발하고 이용자에게 제공하는 행위가 저작권 침해 행위의 방조가 되지 않는다는 것이다. 미국 연방대법원은 일찍이 비슷한 논거로 소니Sony가 베타맥스Betamax 비디오테이프 레코더를 제조·판매한 행위가 영상물에 관한 저작권 침해에 해당하지 않는다고 판시한 바 있다.[5]

어떤 결과가 나올지는 아직 미지수이지만, 이 소송에서는 저작권 침해 문제뿐만 아니라 GPT가 이른바 환각에 의해 《뉴욕타임스》가 작성하지 않은 기사를 《뉴욕타임스》의 기사인 것처럼 설명하는 현상이 상표권의 희석 또는 훼손에 해당하는지, 검색 결과에서 웹사이트의 내용을 요약하여 보여줌으로써 《뉴욕타임스》 웹사이트로의 유입을 줄어들게 하는 것이 부정경쟁에 해당하는지 여부 등 흥미로운 쟁점들도 함께 다루어지고 있다.

또, 게티이미지Getty Images는 2023년 5월경 영국에서 스태빌리티 AIStability AI를 상대로 소송을 제기했고, 관할에 관한 문제가 제기되자 미국에서도 소송을 시작했다.

게티이미지는 이용자가 이미지를 검색한 다음 원하는 이미지의 라이선스를 구매하여 사용할 수 있도록 해주는 서비스를 제공하므로, 고품질의 이미지와 해당 이미지의 내용을 상세히 묘사한 텍스트 데이터를 대량으로 보유하고 있다. 스태빌리티 AI는 게티이미지 웹사이트를 크롤링하여 얻은 이미지 및 텍스트 데이터를 학습에 사용하여 'Stable Diffusion'을 내놓았고, 이는 최근 가장 널리 사용되고 있는 이미지 생성용 확산 모델 중 하나이다.

이미지를 생성하는 모델 중 확산 모델은, 학습용 이미지에 점차 노이즈를 추가하는 과정을 통해 반대로 특정 프롬프트를 기초로 노이즈를 제거하는 과정을 학습하여, 결과적으로 노이즈로부터 특정 프롬프트를 충족하는 이미지를 생성할 수 있도록 만들어진다.

이 소송에서도 대체로 위에서 살핀 《뉴욕타임스》 사건과 비슷한 쟁점들이 떠오르고 있다. 스태빌리티 AI가 오픈AI나 마이크로소프트와 마찬가지 논리로 공정이용을 주장할 수 있는가의 여부는 사실관계에 따라 달라질 수 있을 것으로 보이며, 문제가 되는 저작물이 텍스트가 아닌 이미지라는 점에서 저작물의 특성도 어느 정도 영향이 있을 것으로 보인다.

이상에서 살핀 미국 사례는 향후 창작자와 AI의 대립 구도로 전개될 수 있는 분쟁의 결과를 좌우할지도 모르는 영향력을 내포하고 있다. 어떤 결론에 도달하든지 AI 산업 및 이를 활용하는 사업 운영에 지대한 영향을 미칠 것으로 예상된다.

한편, 이러한 법적 다툼과는 별개로 개별 언론사와 AI 기업 간의 콘텐츠 라이선스 계약을 맺기도 했다. 《뉴욕타임스》는 2025년 5월 아마존과 라이선스 계약을 체결해 자사 기사 콘텐츠를 AI 플랫폼의 학습 데이터로 제공하기로 했다. 오픈AI는 《파이낸셜타임스》, 《르몽드》 등 20여 개 언론사와 기사 활용 계약을 맺고 있다. 이 같은 추세는 학술 출판 분야로도 확산하고 있다. 영국의 옥스퍼드대학 출판부, 케임브리지대학 출판부와 미국의 와일리 출판사 등은 AI 기업들과 학습 데이터 제공을 포함한 라이선스 계약을 체결하거나 협상을 진행 중이다. 이들은 대부분 저자의 명

저작권의 진화

시적 동의를 받는 방식을 채택해 법적 안정성을 확보하는 전략을 택하고 있다. 국내에서도 2025년에 들어와 《조선일보》는 업스테이지 Upstage, 네이버는 미디어 그룹 브릴리언트코리아와 각각 AI 데이터 라이선스 협약을 체결했다.

AI와 저작권, 어떻게 상생할 것인가

이상에서 살핀 것처럼 현재로서는 AI가 저작권자로 인정받기 위해서는 자연인 혹은 법인으로서의 권리를 가져야 한다. 또 일반 사용자가 특정 기업이 개발한 AI 창작도구로 작품을 만들었을 때 그 소유권이 누구에게 있는지 명확하지 않다는 점도 쟁점으로 남아 있다. 붓이나 물감 혹은 펜 같은 것도 창작에 활용되지만 단순 도구에 지나지 않기에 문제가 되지 않는다. 하지만 AI는 직접 창작 활동을 수행한다는 점에서 주체 논쟁의 당사자가 될 수 있는 것이다. 이러한 논의는 결국 권리에 따르는 책임 문제로 이어진다. 권리에는 반드시 책임이 발생하는데, AI가 학습과정에서 실제 작가의 예술작품을 사용하는 과정에서 혹은 결과물이 누군가의 저작권을 침해했을 경우 이에 대한 책임을 누구에게 물어야 하는가 하는 점도 쟁점이다. 우리나라에서는 「인공지능 발전과 신뢰 기반 조성 등에 관한 기본법 약칭: 인공지능기본법」이 2026년 1월부터 시행된다.

한편, 콘텐츠 및 소프트웨어 산업계에서는 AI의 중요성을 역설하면서 저작권 개념이 인간 중심의 창작물로 한정되어 있어 관련산업 성장을 저해할 수 있다고 우려한다. 비약적으로 발전하는 AI산업에서 AI 창작물을 보호할 수 있는 법제도 개선 논의가 시급하다고 주장한다. 물론 산업발전을 위한 법제도 개선 노력은 반드시 필요하다. 하지만 그 이전에 짚어봐야 할 문제가 있으니, 그것은 바로 무엇이 인간을 보다 더 인간답게 만들어 줄 것인가 하는 철학적 질문에 대한 답을 찾는 일이다.

법적 문제는 그렇다고 치자. 그럼 윤리적 문제는 어떻게 할 것인가? 인간이 스스로 고뇌하고 상상하는 과정을 통해 창의성을 발휘한 결과로 만들어진 예술작품 또는 연구논문과, 빅데이터 학습을 통해 AI가 손쉽게 만들어내는 결과물의 값어치에 차이가 없다면 어떤 일이 벌어질 것인가? 만일 누군가 AI로 만든 결과물을 마치 자기가 창작한 것으로 둔갑시킨다면 이를 어떻게 판단할 것인가? 익명성을 통한 신비주의까지 곁들여 가며 AI 창작물 뒤에 숨어 예술가인 척 행세한다면 또 어떤 일이 벌어질까? 인간에게 봉사해야 할 기술이 창작의 활성제가 아닌 걸림돌로 작용할 수도 있다는 점에서 신중한 접근이 필요하다.

결국 디지털 혁명으로 표현되는 기술적 진보와 함께 저작권 환경이 급변함으로써 아날로그 미디어에서 파생한 저작권 질서가 크게 흔들리고 있지만, 이제라도 '법보다 사람'이라는 인식을 바탕으로 법제 개선 노력과 함께 인간 본위의 제도적 장치가 마련

저작권의 진화

되어야 한다. 저작물 창작 및 유통, 그리고 이용에 활용할 수 있는 기술이 변화함에 따라 저작권 법제 또한 함께 변화함으로써 시대 환경에 맞게 저작권자와 이용권자의 관계를 조율해 줄 수 있어야 한다. 물론 고의적이고 악질적인 저작권 침해 행위에 대해서는 '징벌적 손해배상'과 더불어 강력한 형사처벌이 가능하도록 법률 규정도 보완해야 한다. 그리하여 새로운 미디어 환경에 따른 윤리적 교육과 계몽을 기반으로 한 저작권 보호 관행이 정착된다면, 문화의 향상 발전을 위한 수단으로서 AI 등 새로운 기술이 건전하게 활용된다면 새로운 콘텐츠의 창작 활성화와 더불어 관련 산업의 발전을 통한 새로운 시장의 창출도 기대할 수 있을 것이다.

생각+ 생성형 AI 활용 방안

연세대학교

'생성형 AI 활용 가이드라인' 중에서

1. **비판적 활용**: AI가 학습한 데이터에 편향성이나 오류가 존재할 경우 잘못된 답변을 내놓을 수 있기 때문에 그 결과물을 맹목적으로 신뢰할 수 없고, 비판적으로 사실 확인을 한다.

2. **상호합의적 활용**: 생성형 AI 활용 원칙에 대해 교수자와 학습자 간의 합의 후 생성형 AI를 사용해야 한다. 교수자가 생성형 AI 활용을 허용한다면, 교수자는 학습자가 최소한의 규칙을 잘 따를 수 있도록 지도하며, 학습자는 생성형 AI 활용 시 교수자가 제시한 지침을 숙지하고, 교수자의 가이드를 따른다.

3. **창의적 활용**: 생성형 AI는 학습 대체자가 아닌 학습을 도와주는

도구임을 인식하며, 생성형 AI 답변을 그대로 받아들이기보다는 이를 재해석하고 변형하여 새로운 지식을 창조하여 더 나은 결론을 만들 수 있어야 한다.

4. **윤리적 활용:** 생성형 AI 정보를 그대로 활용하는 것은 표절행위일 수 있으므로 출처를 정확히 표기하고 부정행위를 피한다. 또한, 생성형 AI를 사용하는 과정에서 사이버 공격이나 인종이나 지역에 대한 편견 등 사회적 문제가 발생할 수 있으므로 사회의 이로운 방향으로 사용한다.

5. **보안적 활용:** 생성형 AI는 개인정보 및 기밀정보 등의 보안이 취약함을 인지하고, 이와 관련된 정보를 입력하지 않는다.

6. **개방적 활용:** 생성형 AI는 자연어 처리를 자동화하거나 글쓰기를 지원하고, 새로운 아이디어를 제시하는 등 사용자의 업무에서 효율성과 생산성을 높일 수 있다는 장점이 있으므로 새로운 학습 도구임을 받아들이고, 빠르고 적절하게 대응해야 하는 대상임을 인식한다.

한국연구재단
'생성형 AI 도구의 책임 있는 사용을 위한 권고사항' 중에서

1. 한국연구재단이 지원하는 연구개발과제의 평가에 참여하는 평가위원*은 각종 평가자료**를 생성형 AI 도구에 입력 업로드하지 말아야 합니다.

   * 평가위원: 온·오프라인에서 서면 또는 패널 방식으로 과제의 선정·중간·결과 평가에 참여하는 위원

   ** 평가자료: 연구개발계획서, 단계/최종보고서, 평가의견, 평가위원 리스트 등 과제평가와 관련된 제반 자료

※ 한국연구재단의 연구개발과제 평가 등에 관여한 평가위원 등이 ChatGPT 등 생성형 AI에 해당 연구개발과제 관련 정보를 업로드하는 행위는 국가연구개발혁신법 제40조 비밀 유지 의무에 위반될 수 있음

2. 한국연구재단 지원과제의 신청자 및 수행자는 연구개발계획서 및 단계/최종보고서 작성 과정에서 생성형 AI 도구를 사용한 경우, 해당 계획서 및 보고서에 AI 도구 사용 내역을 기술할 것을 권장합니다.

5장. 법과 윤리
: 창작에 대한 법적 한계와 윤리적 책임

생각이 무엇일까?

- 저작권 보호 못지않게 이용자에 대한 배려가 필요한 이유는 무엇일까?
- 저작재산권을 제한하여, 저작물 이용을 자유롭게 허용하는 내용을 보완한다면, 포함되어야 하는 것은 무엇일까?
- 올바른 인용이 반드시 이루어져야 하는 이유는 무엇일까?
- 저작권 침해로 인한 법적 처벌과 배상, 그리고 표절로 인한 윤리적 책임에서 보완 및 수정되어야 할 내용은 무엇일까?

1. 저작권은 이렇게 행사한다

_ 창작자를 지키는 법의 원리

저작재산권의 양도

기본적으로 저작재산권 보호기간이 지나 권리가 소멸된 저작물은 누구든지 마음대로 이용할 수 있다. 하지만 현재 저작권법의 보호를 받는 저작물을 이용하려면 이용 방법이 저작재산권의 제한 규정에 해당하지 않는 한 저작재산권을 양도받거나 저작권자로부터 이용허락을 얻어야만 합법적으로 저작물을 이용할 수 있다. 그렇지 않으면 저작권 침해가 되는 것이다. 이처럼 저작권자가 자기 권리를 행사하는 방법은 여러 가지가 있다.

저작권자는 자신의 저작재산권을 다른 사람에게 "전부 또는 일부" 양도할 수 있다. 여기서 '양도'라는 말은 "다른 사람에게 권리를 넘겨준다"는 뜻으로, 땅이나 토지 같은 것의 소유권과는 다른 특징을 보인다. 예컨대, 어떤 집을 소유하고 있는 사람이 그 집을 전세의 방법으로 다른 사람에게 임대하고 나서 또 그 집을 다른 사람에게 양도할 수는 없는 노릇이다. 일반적인 소유권에서는 유체물로서의 소유물과 소유권을 분리할 수 없다는 뜻이다. 그러나 저작재산권은 다르다. 저작재산권 자체를 전부 양도하는 경우에는 소유권과 별 차이가 없지만, 일부를 양도할 수 있다는 점에서는 저작재산권만의 특성을 엿볼 수 있다.

우선 저작재산권의 경우에는 저작물을 이용하는 방법에 따라 그 권리 또한 분리하여 행사할 수 있는 여지가 매우 많다는 점이 특징이다. 저작재산권으로서의 복제권·공연권·공중송신권·전시권·배포권·대여권·2차적저작물작성권 등이 각각 별개의 재산적 권리이므로, 이용 형태에 따라 권리를 나누어서 양도할 수 있는 것은 당연한 일이다. 그뿐 아니라 경우에 따라서는 그러한 별개의 재산적 권리조차도 쪼갤 수가 있다. 복제권 하나만 살펴보더라도, 저작재산권자는 인쇄의 방법으로 저작물을 복제하려는 출판사업자와 녹음의 방법으로 저작물을 복제하려는 음반사업자, 또는 녹화의 방법으로 저작물을 복제하려는 영상사업자 등에게 복제권을 각각 별도로 양도할 수 있다. 어떤 방법으로 복제하느냐에 따라 같은 복제권이라도 완전한 별개의 권리로 쪼개질 수 있는 특성을 지닌 것이 바로 저작재산권이기 때문이다. 또한 저작재산권자는 하나의 저작물에 대해 종이책의 형태로 출판사에 출판권을 부여하는 동시에 공중송신권이나 배타적발행권을 발휘하여 또 다른 업체 혹은 개인에게 '전자책'을 만들도록 허락할 수도 있다.

다음으로는 2차적저작물작성권의 경우에도 저작재산권을 쪼

저작권의 진화

갤 수 있다. 예를 들어, 장편소설 한 편을 창작한 작가^{저작자}가 있다면, 그는 자기 작품을 원작으로 삼아 다른 나라 글로 번역하는 것은 물론 각색하여 공연에 이용하거나 영상 제작에 이용하려는 사람들에게 각각 별도로 그 부분에 대한 권리를 양도할 수 있다는 뜻이다. 그뿐 아니라 같은 공연이라도 공연의 주체가 달라진다면 그들에게도 각각 별도의 권리를 양도할 수 있다.

또 시간적·공간적 제한을 통해 저작재산권을 이리저리 나누어 줄 수도 있다. 먼저 시간적인 측면에서 예를 든다면, 저작재산권자는 자신의 권리를 다른 사람에게 양도함에 있어 언제부터 언제까지, 즉 '3년' 또는 '5년'과 같이 기간을 정할 수 있는데, 그런 경우에 정해진 시간이 지나면 저작재산권은 자동적으로 원래의 권리자에게 돌아오게 된다. 공간적 측면에서 예를 든다면, 번역의 방식으로 저작물을 출판함에 있어 그것을 '한국 내에서만' 또는 '일본 내에서만' 하는 식으로 제한하여 양도할 수도 있다. 다만, 그러한 지역적 제한이 국내에서도 가능한지, 즉 '서울특별시 내에서만' 또는 '충청북도 내에서만' 하는 식으로까지 쪼갤 수 있는 것인지는 분명하지 않다.

이처럼 부가가치가 매우 큰 2차적저작물작성권의 특성을 감안해서 저작권법에서는 저작재산권을 전부 양도하는 경우라고 하더라도 특별한 약속^{특약}이 없을 때에는 2차적저작물을 작성할 권리까지 포함된 것으로 볼 수 없다고 규정하고 있다는 점에 주의해야 한다.

저작물의 이용허락

저작물 이용에 관한 '배타적 권리'는 당연히 저작권자에게 있다. 그러므로 저작재산권자는 자신의 저작물을 제3자에게 양도할 수 있을 뿐만 아니라 일정한 방법으로 저작물 이용을 허락할 수도 있다. 저작재산권자는 자신의 저작물을 스스로 이용할 수 있을 뿐만 아니라, 경우에 따라서는 다른 사람에게 이용을 허락하고 적당한 대가를 받음으로써 재산적 이익을 추구할 수 있다는 뜻이다. 그러므로 저작재산권자로부터 허락을 얻지 않고 어떤 방법으로든지 저작물을 이용하는 것은 저작권 침해 행위이다.

또 저작재산권자로부터 이용허락을 얻은 이용자라고 하더라도 "허락받은 이용 방법 및 조건의 범위" 안에서만 그 저작물을 이용할 수 있다. 여기서 "허락받은 이용 방법"이란 복사·인쇄·녹음·녹화·공연·방송·전송·디지털음성송신, 그리고 전시 등과 같은 이용 형태는 물론 이용 부수·이용 횟수·이용 시간·이용 장소 등을 포함한 구체적인 이용 방법을 모두 가리킨다. 그리고 "허락받은 조건"이란 저작물을 이용하는 대가로서 얼마의 금액을 언제까지 지급하기로 한다든가, 별도의 특약을 하는 것 등이라고 할 수 있다. 예컨대, 어떤 사람이 연극 상연을 위한 목적으로 어느 저작물에 대한 이용을 허락받았는데 연극이 아닌 책으로 꾸며서 출판의 방법으로 이용했다면 그것 역시 위법이 된다는 뜻이다. 또한 저작물을 1년 동안만 이용하기로 계약을 맺었다면 1년이 지난 후

저작권의 진화

에는 이용할 수 없으며, 모든 권리는 다시 원래의 저작권자에게
로 귀속된다.

아울러 이용허락을 얻은 사람이라도 저작권자의 동의가 없이
제3자에게 이를 양도할 수 없다. 여기서 이용자가 얻은 이용허락
이란 곧 "허락받은 이용 방법과 조건의 범위 안에서 그 저작물을
이용할 수 있는 권리"를 말하기 때문이다. 예컨대, 어느 때로부터
3년 동안 출판에 의한 방법으로 저작물을 이용하기로 한 이용자
가 1년이 지난 후에 다른 출판업자에게 저작물의 출판에 의한 이
용권을 양도할 때에는 반드시 저작권자의 허락이 있어야 하며 그
렇지 않을 때에는 역시 저작권을 침해한 것이 된다는 뜻이다.

생각+ 출판권과 배타적발행권

- **출판권**: 출판물로 발행하고자 하는 저작물의 저작재산권을 가진
  사람으로부터 복제권에 따른 인쇄 허락 및 배포권에 따른 유통 허
  락 등을 얻어야 생기는 권리이다. 곧 저작권자로부터 종이책 출판
  을 해도 좋다는 내용으로 저작물 이용허락을 얻은 사람에게 주어
  지는 권리이므로 일종의 저작물 이용권^{라이선스}이라고 할 수 있다.
- **배타적발행권**: 한·미 자유무역협정^{FTA}의 국내 이행을 위한 저작
  권법 일부개정법률안이 2011년 11월 22일 국회를 통과하여 2011
  년 12월 2일 법률 제11110호로 공포되면서 신설된 권리이다. 기존
  에는 저작물의 출판과 컴퓨터 프로그램에만 인정되던 배타적 권
  리를 다른 형태의 저작물 발행 등에도 인정하도록 그 근거 규정을
  마련하고, 발행의 범위를 전송까지 포괄하는 것으로 확대했다. 배

타적발행권의 신설은 저작물 이용 형태가 다양해짐에 따라 기존의 아날로그 출판 이외에 전자출판 등 다양한 이용 형태에 대해서도 저작물 이용자가 배타적발행권 설정을 통해 준물권적 지위를 확보함으로써 안정적인 사업을 영위할 수 있도록 했다는 데 의의가 있다. 또, 배타적발행권의 범주에서 출판권을 제외함으로써 설정행위에 따라 그것이 배타적발행권인지 출판권인지 모호해지는 것을 방지하고 있다.

결국 출판권에 해당하는 복제란, "인쇄 또는 이와 유사한 방법"으로만 한정되므로 종이책이 아닌 녹음 또는 녹화에 의한 복제와 더불어 복제기술의 발달에 힘입어 새로이 선보이고 있는 비종이책, 즉 전자책 또는 오디오북 등은 배타적발행권의 대상이 된다는 점에 주의해야 한다.

손해배상청구권의 행사

저작권법의 보호를 받는 권리자 유형에는 저작자뿐만 아니라 저작자로부터 권리를 양도받은 저작재산권자, 저작재산권자로부터 이용허락을 얻은 배타적발행권자와 출판권자, 데이터베이스제작자, 저작인접권자 등이 있다. 이들의 권리를 충분히 보호하기 위해서는 이미 발생한 손해의 배상뿐만 아니라 장래에 발생할지도 모르는 침해 행위까지도 미리 방지할 수 있는 제도적 장치

저작권의 진화

가 필요하다. 따라서 저작권법에서는 저작자 등 권리자들로 하여
금 각기 자기의 권리를 침해한 사람에게는 손해의 배상을 요구할
수 있고, 현재 권리를 침해하고 있거나 장래에 침해할 우려가 있
는 사람에 대해 그 침해의 정지 또는 예방을 청구할 수 있도록 규
정하고 있다. 이를 손해배상청구권이라고 한다.

손해배상이란 법률 규정에 따라 '남이 입은 손해를 메워 주는
것'을 말하며, 저작권법에서도 누군가 다른 사람의 저작권을 침
해함으로써 그 권리자에게 끼친 손해를 배상하는 것에 대해 규정
하고 있다. 따라서 저작권자는 자기 권리를 침해한 사람을 상대
로 손해배상을 청구할 수 있으며, 그 손해금액은 침해자가 침해
행위로 인해 얻은 이익의 정도로 추정할 수 있다. 이때의 손해배
상 청구는 저작권 침해를 그 원인으로 하며, 이미 발생된 손해의
회복을 목적으로 한다. 이러한 손해배상청구권이 발생하려면 다
음과 같은 요건이 필요하다.

1. 침해 행위 당시에 피해자에게 저작권이 존재해야 한다.
2. 가해자의 고의 또는 과실이 있어야 한다.[2]
3. 권리 침해에 따른 위법성이 있어야 한다.
4. 권리 침해 때문에 손해가 발생해야 한다.
5. 권리 침해와 손해 발생 사이에 인과관계가 있고, 이를 피해
   자 측이 입증할 수 있어야 한다.

이러한 요건이 충족된 다음에 가해자의 침해 행위와 상당한 인과관계가 있는 손해를 기준으로 손해배상의 범위가 산정되는 것이다. 한편, 민법 규정에 따라 손해배상청구권의 소멸시효는 권리침해 사실을 알게 된 날로부터 3년, 권리침해의 사실이 있었던 때로부터 10년이다.

명예회복청구권의 행사

저작권자가 저작재산권을 침해당한 경우에는 위에서 살핀 것처럼 손해배상을 청구할 수 있지만, 만일 저작인격권에 손상을 입었다면 어떤 조치를 취할 수 있을까. 아마도 저작인격권자가 제일 먼저 생각할 수 있는 것이 침해자를 상대로 손해배상과 유사한 금전적 배상을 요구하는 것일지도 모른다. 다만, 이는 손해배상의 청구가 아닌 '위자료'의 청구에 해당하며, 그 액수를 산정하는 것은 정황을 통한 법관의 판단에 따를 수밖에 없다.

결국 "명예회복을 위해 필요한 조치"란 신문이나 잡지 등에 정정광고 또는 사과광고를 게재하도록 청구하는 것이 대표적이며, 정기간행물을 통해서 인격적 권리가 침해된 경우에는 같은 간행물의 다음 호에서 정정기사 또는 사과문을 게재하도록 청구하는 것이 일반적이다. 이러한 조치는 침해자에게 고의 또는 과실이 인정되는 경우에만 청구할 수 있다.

저작권의 진화

그 밖에도 저작권법에는 '저작자 사망 후 인격적 이익의 보호'에 관한 규정을 두고 있다. 곧 저작자가 사망한 후에 그 유족^{사망한}_{저작자의 배우자·자·부모·손·조부모 또는 형제자매}이나 유언집행자는 해당 저작물에 대해 고의 또는 과실로 저작인격권을 침해하거나 사망한 저작자의 명예를 훼손하는 방법으로 그 저작물을 이용한 사람에 대해 위자료를 청구하거나 명예회복 등의 청구를 할 수 있다.

원래 저작인격권은 저작자 일신에 전속되므로 저작자가 사망한다면 그 권리 또한 소멸하는 것이 원칙이지만, 만일 그렇게만 규정한다면 저작자의 인격적 이익이 침해된다고 해도 그가 사망하고 없는 한 현실적인 구제가 불가능하여 저작권법 존재의 가치를 부정하는 결과가 생길 수도 있으므로, 저작자가 사망했더라도 그의 의향을 가장 잘 대변할 수 있는 사람들로 하여금 인격적 침해를 방지하고 훼손된 명예의 회복을 위한 노력을 할 수 있도록 배려한 것이다.

고소

저작권자는 자기 권리를 침해한 사람에 대해 그를 처벌해 달라고 국가에 요구할 수 있는데, 이때 저작권자는 이른바 '고소^{告訴}'라는 법적 절차를 밟아야 한다. 이렇게 권리자의 고소가 있어야만 처벌할 수 있는 범죄를 가리켜 '친고죄^{親告罪}'라고 한다. 즉, 친고죄란 "범죄의 피해자나 그 밖의 법률에 정한 사람의 고소가 있어야 공소를 제기할 수 있는 범죄"를 말하며, 강간죄·강제추행죄·모욕죄·친족상도례親族相盜例[3] 등이 대표적이다. 다시 말하면, 형사상의 범죄는 형사소송법 규정에 따라 검사만이 공소의 제기 즉, 형사소추[4]를 할 수 있는데, 피해자 등의 고소가 없으면 검사가 공소를 제기할 수 없는 범죄를 가리켜 친고죄라고 한다.

이러한 친고죄는 극히 개인적인 사권私權에 있어서 그 침해에 대한 형사책임 추궁의 여부는 피해자인 권리자의 판단에 맡기는 것이 적당하다는 취지에서 만들어진 것이라고 할 수 있다. 따라서 저작권 관련 침해에 있어서도 개인적 권리와 밀접한 것들은 친고죄로 규정하고 있다. 친고죄의 공소시효는 "범인을 알게 된 날로부터 6개월"이며 고소를 일단 취소한 경우에는 다시 고소할 수 없다.

따라서 저작재산권자, 저작인격권자, 배타적발행권자, 출판권자, 데이터베이스제작자, 저작인접권자, 복제권자 및 저작자 등이 저작권법에 의해 보호를 받는 권리자로서 침해에 따른 고소권자가 될 수 있다. 그리고 공동저작물이나 공동실연인 경우에는 그 권리의 침해에 대해 각자가 단독으로 고소할 수 있으며, 고소의 시효나 취소 또한 각자에게 별도로 적용된다.[5] 아울러 피해자가 사망한 경우에는 형사소송법 규정에 따라 그의 배우자·직계혈족·형제자매가 고소할 수 있다.

저작권의 진화

생각+ 저작권 침해에 따른 벌칙 유형

■ 5년 이하의 징역 또는 5천만 원 이하의 벌금에 처하거나 이를 병과할 수 있는 범죄

- 저작재산권, 그 밖에 이 법에 따라 보호되는 재산적 권리를 복제, 공연, 공중송신, 전시, 배포, 대여, 2차적저작물 작성의 방법으로 침해한 사람
- 저작권 침해 관련 소송 당사자에게 법원이 내린 비밀유지명령을 위반한 사람

■ 3년 이하의 징역 또는 3천만 원 이하의 벌금에 처하거나 이를 병과할 수 있는 범죄

- 저작인격권 또는 실연자의 인격권을 침해하여 저작자 또는 실연자의 명예를 훼손한 사람
- 저작권 관련 등록을 허위로 한 사람
- 데이터베이스제작자의 권리를 복제·배포·방송 또는 전송의 방법으로 침해한 사람
- 복제·전송자의 정보를 제공받아 해당 정보를 청구 목적 외의 용도로 사용한 사람
- 업으로 또는 영리를 목적으로 기술적 보호조치를 제거·변경하거나 우회하는 등의 방법으로 무력화한 사람
- 기술적 보호조치를 무력화시키기 위한 장치, 제품 또는 부품을 제조, 수입, 배포, 전송, 판매, 대여, 공중에 대한 청약, 판매나 대여를 위한 광고, 또는 유통을 목적으로 보관 또는 소지하거나, 서비스를 제공한 사람
- 업으로 또는 영리를 목적으로 권리관리정보를 제거하거나 변경한 사람

- 암호화된 방송 신호를 방송사업자의 허락 없이 복호화復號化 하는 데에 주로 사용될 것을 알거나 과실로 알지 못하고, 그러한 목적을 가진 장치·제품·주요부품 또는 프로그램 등 유·무형의 조치를 제조·조립·변경·수입·수출·판매·임대하거나 그 밖의 방법으로 전달하는 행위를 한 사람
- 암호화된 방송 신호가 정당한 권한에 의하여 복호화된 경우 그 사실을 알고 그 신호를 방송사업자의 허락 없이 영리를 목적으로 다른 사람에게 공중송신하는 행위를 한 사람
- 저작물 등의 라벨을 불법복제물이나 그 문서 또는 포장에 부착·동봉 또는 첨부하기 위하여 위조하거나 그러한 사실을 알면서 배포 또는 배포할 목적으로 소지하는 행위를 한 사람
- 저작물 등의 권리자나 권리자의 동의를 받은 자로부터 허락을 받아 제작한 라벨을 그 허락 범위를 넘어 배포하거나 그러한 사실을 알면서 다시 배포 또는 다시 배포할 목적으로 소지하는 행위를 한 사람
- 저작물 등의 적법한 복제물과 함께 배포되는 문서 또는 포장을 불법복제물에 사용하기 위해 위조하거나 그러한 사실을 알면서 위조된 문서 또는 포장을 배포하거나 배포할 목적으로 소지하는 행위를 한 사람
- 정당한 권한 없이 방송사업자에게로 송신되는 신호를 제3자에게 송신한 사람

■ 1년 이하의 징역 또는 1천만 원 이하의 벌금에 처할 수 있는 범죄
- 저작자가 아닌 사람을 저작자로 하여 실명·이명을 표시하여 저작물을 공표한 사람
- 실연자가 아닌 사람을 실연자로 하여 실명·이명을 표시하여 실

저작권의 진화

연을 공연 또는 공중송신하거나 복제물을 배포한 사람

- 저작자의 사망 후에 그 저작자의 명예를 훼손하는 방법으로 저작인격권을 침해한 사람
- 암호화된 방송 신호가 방송사업자의 허락 없이 복호화된 것임을 알면서 그러한 신호를 수신하여 청취 또는 시청하거나 다른 사람에게 공중송신하는 행위를 한 사람
- 저작권으로 보호되는 영상저작물을 상영 중인 영화상영관 등에서 저작재산권자의 허락 없이 녹화기기를 이용하여 녹화하거나 공중송신한 사람
- 허가를 받지 않고 저작권신탁관리업을 한 사람
- 저작자의 명예를 훼손하는 방법으로 저작물을 이용하는 행위를 한 사람
- 자신에게 정당한 권리가 없음을 알면서 고의로 복제·전송의 중단 또는 재개 요구를 하여 온라인서비스제공자의 업무를 방해한 사람
- 등록 업무를 수행하면서 직무상 알게 된 비밀을 다른 사람에게 누설한 사람

■ 500만 원 이하의 벌금에 처할 수 있는 범죄
- 위탁에 의한 초상화 또는 이와 유사한 사진저작물을 위탁자의 동의 없이 이용한 사람
- 저작재산권의 제한 규정에 따라 저작물을 이용하면서 출처를 명시하지 않은 사람
- 배타적발행권자 또는 출판권자로서 특약이 없음에도 복제물에 저작재산권자를 표지하지 않은 사람
- 배타적발행권자 또는 출판권자로서 특약이 없음에도 저작물을

다시 이용하면서 저작재산권자에게 알리지 않은 사람

- 신고를 하지 아니하고 저작권대리중개업을 하거나, 저작권위탁관리업에 대한 영업의 폐쇄명령을 받고 계속 그 영업을 한 사람

■ 몰수 대상

- 저작권, 그 밖에 이 법에 따라 보호되는 권리를 침해하여 만들어진 복제물과 그 복제물의 제작에 주로 사용된 도구나 재료 중 그 침해자·인쇄자·배포자 또는 공연자의 소유에 속하는 것

■ 3천만 원 이하의 과태료 부과 대상

- 다른 사람들 상호 간에 컴퓨터를 이용하여 저작물 등을 전송하도록 하는 것을 주된 목적으로 하는 온라인서비스제공자^{특수한 유형의 온라인서비스제공자}로서 권리자의 요청이 있음에도 해당 저작물 등의 불법적인 전송을 차단하는 기술적인 조치 등 필요한 조치를 하지 않은 사람

■ 1천만 원 이하의 과태료 부과 대상

- 권리주장자의 요청에 따라 절차를 거쳐 복제·전송자의 정보를 제출하라는 문화체육관광부장관의 명령을 이행하지 않은 온라인서비스제공자
- 저작권법에 규정된 의무를 이행하지 않은 저작권신탁관리업자
- 한국저작권위원회 또는 한국저작권보호원의 이름을 함부로 사용한 사람
- 정보통신망을 통한 불법복제물 등의 삭제명령 등 문화체육관광부장관의 명령을 이행하지 않은 사람
- 정보통신망을 통한 불법복제물 등의 삭제명령 등에 따른 통지, 게시, 통보를 하지 않은 사람

2. 분쟁이 생기면 이렇게 해결한다

_ 저작권의 법적 절차

제1원칙은 창작성

제호의 저작물성_ 또복이 사건

이 사건의 쟁점은 '제호의 저작물성'에 있었다. 이 사건은 모 식품회사가 '또복이'라는 이름을 붙여 빵을 출시하자, 15년간 만화 '또복이'를 그려온 만화가가 저작권 침해를 이유로 제호 사용금지, 손해배상 및 일간지 사과 광고를 청구한 것으로부터 시작되었다. 하급심부터 일관하여 작품의 제호는 사상 또는 감정의 표명이라고 보기 어렵다는 이유로 저작물성을 부인했다.

판결의 취지는 일반적으로 제호는 짧고 단순한 표현이라 '인간의 사상 또는 감정을 표현한 창작물'이라는 저작물의 요건을 충족하지 못할 것이라는 데 있었다. 하지만 제호라고 하더라도 인간의 사상 또는 감정을 표현하고 있고, 창작성이 발현되어 있다면 저작물성을 부인할 수는 없을 것이므로 주의가 필요하다.

- 대법원 1977. 7. 12. 선고 77다90 판결(확정)
- 서울고등법원 1976. 12. 10. 선고 76나2052 판결
- 서울지방법원 영등포지원 1976. 6. 9. 선고 76가합25 판결

광고사진의 저작물성_ 햄 제품 사진 사건

이 사건의 쟁점은 '사진저작물의 창작성 판단 기준'에 있었다. 아울러 제품 자체만을 충실하게 표현한 광고사진의 창작성 인정 여부와 함께 제품의 이미지 부각을 통한 광고 효과의 극대화를 위해 제품을 다른 장식물 등과 조화롭게 배치하여 표현한 광고사진의 창작성 인정 여부도 함께 판단하고 있다.

먼저 재판부는 저작권법에 따라 보호되는 저작물이 되려면 창작성이 있어야 하므로 사진저작물이 성립하려면 피사체의 선정, 구도의 설정, 빛의 방향과 양의 조절, 카메라 각도의 설정, 셔터의 속도, 셔터 찬스의 포착, 기타 촬영 방법, 현상 및 인화 등의 과정에서 촬영자의 개성과 창조성이 인정되어야 한다는 점을 분명하게 밝혔다. 따라서 제품 자체만을 충실하게 표현하여 광고라는 실용적인 목적을 달성하기 위해 촬영하는 사진은 저작권법에 의해 보호할 만한 창작성을 갖추고 있다고 보기 어렵다고 보았다.

이 판결이 주는 시사점은 사진저작물이 저작권법에 따른 보호를 받기 위해 요구되는 창작성의 판단 기준으로 ① 피사체의 선정 및 구도의 설정, ② 빛의 방향과 양의 조절·카메라 각도의 설정·

저작권의 진화

셔터의 속도·셔터 찬스의 포착·기타 촬영 방법, ③ 현상 및 인화 등을 제시한 것에 있다. 이러한 ① ② ③의 판단 기준에 따라 제품 자체를 충실하게 표현한 사진에 대해서는 창작성을 부인하고, 제품을 다른 장식물이나 과일, 술병 등과 조화롭게 배치하고 촬영하여 제품의 이미지를 부각시킴으로써 광고 효과를 극대화한 사진에 대해서는 창작성이 인정된다고 판단한 것이다.

- 대법원 2001. 5. 8. 선고 98다43366 판결(확정)
- 서울고등법원 1998. 7. 22. 선고 96나39570 판결
- 서울지방법원 남부지원 1996. 8. 23. 선고 96가합2171 판결

자연풍경 사진저작물 실질적 유사성 판단 기준_ 솔섬 사건

이 사건의 쟁점은 '자연풍경을 찍은 사진에 대한 실질적 유사성 판단'에 있었다.

광고사진의 저작물성 판단에서 살핀 것처럼 사진저작물은 피사체의 선정, 구도의 설정, 빛의 방향과 양의 조절, 카메라 각도의 설정, 셔터의 속도, 셔터 찬스의 포착, 기타 촬영 방법, 현상 및 인화 등에서 창작적 표현형식에 해당하는 부분을 먼저 파악한 후, 개별적으로 대비하는 방법으로 실질적 유사성을 판단해야 하며, 저작물 전체가 주는 인상이나 느낌을 통해서도 실질적 유사성을 판단할 수 있다.

이러한 기준에 따라 이 사건 재판부는 누구나 접근 가능한 자연

마이클 케나의 2007년 사진 「솔섬Pine Trees Study1」

물과 자연풍경을 대상으로 선택하고 촬영하는 행위 자체에 대해서는 창작성을 인정할 수 없으며, 아울러 그 장소의 선택과 구도는 저작자의 독창적인 노력에 의해 발견된 독특한 장소라고 인정되지 않는 한 창작성을 인정할 수 없다고 보았다.

또한, 원고와 피고의 저작물은 빛의 방향과 양의 조절, 셔터의 속도, 기타 촬영 방법, 현상 및 인화 등의 설정에서 실질적으로 유사하지 않으며, 전체적 대비 면에서도 명백한 차이가 드러나므로 유사하지 않다고 판시했다.

이 사건의 의의는 사진저작물, 그중에서도 자연물이나 자연풍경을 찍은 사진저작물의 실질적 유사성 판단 기준을 제시하고 있다는 데 있다. 곧 자연물이나 자연풍경의 선택, 구도 및 카메라

김성필의 2011년 사진 「아침을 기다리며」

의 각도에 특별한 창작성이 포함되어 있지 않다면 누구나 자유롭
게 이용할 수 있음을 확인해 주었으며, 그 외에도 빛의 방향과 양
의 조절, 셔터의 속도, 기타 촬영 방법, 현상 및 인화 등의 실질적
유사성 판단 기준을 제시하고 있다. 동시에 사진저작물의 창작성
판단 기준에 있어 기존 판례와 같은 입장을 취하고 있으나, 자연
물이나 자연풍광의 경우 창작성 인정 대상에서 제외해야 한다는
점을 명시하고 있어 그 의미가 남다르다.

- 서울고등법원 2014. 12. 4. 선고 2014나2011480 판결(확정)
- 서울중앙지방법원 2014. 3. 27. 선고 2013가합527718 판결

서체의 저작물성_ 서예작품 '축제' 사건

이 사건의 쟁점은 '서예작품 서체의 저작물성'과 저작인격권
침해 시 인정되는 '명예회복 등의 청구'의 요건이 무엇인가 하는
것이었다.

이 사건은 임권택 감독의 영화 「축제」의 포스터와 영화 화면에
제목으로 사용된 '축제'라는 글씨가 무단 이용되면서 발생한 분
쟁이다. 영화사 의뢰로 포스터를 디자인한 디자이너가 원고의 서
예 작품에서 무단으로 '축' 자와 '제' 자를 집자集字한 데서 발단된
것으로, 원작인 이청준 작가의 같은 제목 소설 『축제』를 출판한
출판사도 영화사로부터 글씨체를 넘겨받아 사용함으로써 함께
피소되었다. 다만, 글씨 '축제'의 저작물성에 대해서는 영화제작

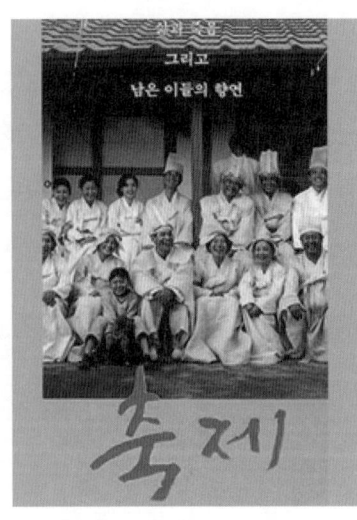

영화 「축제」 포스터

도서 『축제』 표지

저작권의 진화

사나 출판사가 다투지 않음으로써 그 저작물성을 인정하고 있다.

먼저 재판부는 원고의 서예 작품 「춘향가」의 서체書體는 원고의 사상 또는 감정을 창작적으로 표현한 창작물이므로, 원고는 이 사건 글자 '축제'를 포함한 「춘향가」의 서체에 대해 저작재산권과 저작인격권을 가진다는 점을 분명히 밝혔다. 또한, 저작권법에 따라 저작자는 고의 또는 과실로 저작인격권을 침해한 자에 대해 명예회복을 위해 필요한 조치를 청구할 수 있다는 점도 확인했다.

이 경우 '명예'란 저작자가 그 품성, 덕행, 명성, 신용 등의 인격적 가치에 관해 사회로부터 얻고 있는 객관적 평가, 즉 사회적 명예를 의미하고, 저작자가 자기 자신의 인격적 가치에 관해 갖는 주관적인 평가, 즉 명예감정은 이에 포함되지 않는다고 보았다. 나아가 영화제작사 및 출판사가 영화 제목이나 소설 표지 등에 글자 '축제'를 무단 사용하고 사용 시에 서예 작가의 성명을 표시하지 않은 점만으로는 서예 작가의 명예가 훼손되었다고 보기 어렵다고 판단했다.

한편, 이 사건에서 재판부가 '명예회복 청구'는 명예훼손을 전제로 하지만, 제3자의 저작물을 무단 사용했다고 하여 항상 그 제3자의 명예가 훼손되는 것이 아니라는 점에 주의해야 하며, 저작물의 이용 상황에 따라서는 무단 이용이라 하더라도 오히려 제3자의 명예가 고양될 수도 있음을 환기하고 있어 주목된다. 즉, 임권택 감독의 수준 높은 영화 작품에 서예가의 서예 글씨가 무단

이용되었다면 그 서예가의 명예가 고양되었다고 보아야 하므로 명예회복을 위한 조치가 필요한 것은 아니라고 판시하고 있다.

- 대법원 1998. 1. 26. 선고 97다49565 판결(확정)
- 서울고등법원 1997. 9. 24. 선고 97나15236 판결
- 서울지방법원 1997. 2. 21. 선고 96가합42432 판결

생각+ 서체의 저작권

우리 문화생활에서 없어서는 안 될 다양한 서체를 개발하는 개인이나 기업들의 노고는 이루 말할 수 없이 크다. 특히 한글 전용서체 제작은 영어 등 다른 나라 문자보다 훨씬 어렵다. 영어는 대·소문자 52자만 디자인하면 되지만, 한글은 자음과 모음을 조합해 1만 자 이상을 디자인해야 하기 때문이다. 기본자2350자만 개발할 경우, 향후 신조어를 표현하지 못하는 문제점이 제기될 수밖에 없다. 또 서체의 이미지만 강조하다 보면 가독성이 떨어져 사용자들이 외면할 수 있다. 따라서 두루 널리 쓰이는 서체를 개발하려면 사전에 화면용·인쇄용 등 개발 범위와 용도를 명확하게 정하고, 소비자의 편의성을 필수적으로 고려해야만 한다.

그런데 기본적으로 서체 자체, 서체를 구현한 도안圖案에는 저작권이 주어지지 않는다. 판례서울고등법원 1994.4.6. 선고 93구25075 판결에 따르면 "서체 도안은 일부 창작성이 포함되어 있고 문자의 실용성에 부수하여 미감을 불러일으킬 수 있는 점은 인정되나, 그 미적 요소 내지 창작성이 문자의 본래 기능으로부터 분리 독립되어 별도의 감상 대상이 될 정도의 독자적 존재를 인정하기는 어렵다고 할 것이어

저작권의 진화

서 그 자체가 ······ 저작권법상 보호의 대상인 저작물 내지 미술저작물로 인정하기는 어렵다"고 판시했다. 곧 우리 민족 고유의 문자로서 계승되어 온 한글 또는 한자를 특정인이 영리 목적으로 독점하게 할 수는 없다는 뜻으로 풀이된다. 여기서 '서체'란 일반적으로 "글자의 모양"을 뜻한다.

한편, 저작권법이 아닌 디자인보호법에서는 서체를 '글자체'라고 하여 이를 보호받는 디자인에 포함시키고 있다. 즉, 정의 규정에서 "디자인이라 함은 물품[물품의 부분 및 글자체를 포함한다. 이하 같다]의 형상·모양·색채 또는 이들을 결합한 것으로서 시각을 통하여 미감을 일으키게 하는 것을 말한다"고 규정하면서 아울러 '글자체'를 다음과 같이 정의하고 있다.

> 기록이나 표시 또는 인쇄 등에 사용하기 위하여 공통적인 특징을 가진 형태로 만들어진 한 벌의 글자꼴 숫자, 문장부호 및 기호 등의 형태를 포함한다 을 말한다.

따라서 특허청에 디자인으로 등록된 서체라면 디자인보호법에 의해 보호될 뿐 저작권 보호 대상은 아니다.

하지만 컴퓨터용 서체와는 달리 요사이 많은 사람들이 관심을 갖고 배우거나 활용하는 캘리그래피 calligraphy[6]를 포함한 '서예 書藝' 작품으로서의 서체는 미술저작물이 될 수 있으므로 주의해야 한다. 서예, 즉 예술성이 가미된 글씨체는 열심히 연구하고 노력한 서예가일수록 나름대로 자기 세계를 구현할 수 있음에도 대개의 사람들은 흉내 내는 것만으로 글씨체의 미려함을 자랑하곤 한다. 그런데 법원 판례 서울고등법원 제4민사부 1997.9.24. 선고 97나15236 판결 에 따르면 "서예가가 연구하고 체계화한 글씨체로 작품화한 서체는 서예가의 사상 또는 감정을 창작적으로 표현한 지적·문화적 정신 활동의 소산으로서 하나의 독립적인 예술적 특성과 가치를 가지는 창작물"이라고 한다.

실제로 영화 등을 홍보하는 광고용 포스터를 디자인함에 있어 거기에 사용된 글자가 서예작가의 작품에서 발췌한 것이라면, 더 나아가 그것의 도급을 준 광고주가 거기에 사용된 글자가 저작권자의 승낙 없이 복제되어 사용되었음을 알고 나서도 그 사용을 중단하는 등의 아무런 조치를 취하지 않은 채 계속하여 그것에 사용된 글자를 영화 필름, 홍보물, 소설 표지 등에 사용하였고 그 사용에 있어서도 저작자의 성명을 표시하지 않았다면 저작자의 저작재산권과 저작인격권을 침해한 것이 된다.

3. 침해가 아닌 저작물 이용도 있다
_ 합법적인 활용의 지혜

저작권법에 따라 보호되는 저작물은 그 보호기간이 지나지 않은 이상 저작재산권자의 허락 없이 함부로 이용할 수 없는 것이 원칙이지만, 일정 부분에 있어서는 공익적인 차원의 제한이 불가피할 수밖에 없다. 저작권법에서는 이러한 저작권자의 개인적 이익과 사회의 공공적 이익을 조화시키기 위해 일정한 범위 안에서 저작재산권의 제한, 즉 저작물의 자유이용을 허용하고 있다. 그러므로 위와 같이 저작권법에서 규정하고 있는 저작재산권의 제한 사유에 해당되는 경우에는 법이 정하는 조건에 따라 저작재산권자의 허락을 얻지 않고도 저작물을 자유롭게 이용할 수 있다.

저작재산권 제한의 주요 내용

공공저작물의 자유이용

국가 또는 지방자치단체가 업무상 작성하여 공표한 저작물이나, 계약에 따라 저작재산권의 전부를 보유한 저작물은 허락 없이 이용할 수 있다. 공공저작물 이용을 원하는 사람은 해당 자료가 아래 나와 있는 공공누리 종류 중 '공공누리 제1유형' 표시가 부착된 저작물인지를 확인하고 이용하면 된다. 아울러 자유롭게 이용하더라도 반드시 저작물의 출처를 구체적으로 표시해야 한다. 공공누리 제1유형이 부착되지 않은 자료들은 자유이용 대상 저작물이 아닐 수 있으므로 해당 부서 담당자와 사전에 협의한 후 이용해야 한다.

영리를 목적으로 하지 않는 공연·방송

영리를 목적으로 하지 않고 청중이나 관중 또는 제3자로부터 어떤 명목으로든지 반대급부를 받지 않는 경우에는 공표된 저작물을 공연 _{상업용 음반 또는 상업적 목적으로 공표된 영상저작물을 재생하는 경우 제외} 또는 방송할 수 있다. 다만, 실연자에게 통상의 보수를 지급하는 경우에는 해당되지 않는다.

이러한 요건을 충족시키기 위해서는 주최하는 쪽이나 출연자 모두가 철저하게 비영리성을 띠어야 하는데, 현실적으로는 거의 불가능한 것으로 보인다. 왜냐하면 주최자가 영리성을 전혀 띠지 않는 개인이거나 단체여야 하며, 공연의 경우에는 입장료는 물론 후원금이나 출연료조차 없이 진행되어야 하고, 방송의 경우에도 상업광고나 후원 또는 협찬, 출연료 지급 등이 없이 진행되어야 하기 때문이다. 결국, 공연이나 방송에 따른 일체의 비용을 비

공공누리의 경우에도 출처^{저작권자} 표시를 기본적 의무로 하여 변경금지, 상업적 이용금지 등의 의무를 부과할 수 있으며, 4가지 유형별로 공공누리 심벌마크 및 이용허락 범위는 다음 표와 같다.

유형 및 심벌마크	이용허락의 범위
[제1유형: 출처 표시] **OPEN** 출처표시 공공누리 공공저작물 자유이용허락	이용자가 공공저작물을 상업적 활용 여부에 관계없이 무료로 자유롭게 이용하고 2차적저작물 작성 등 여러 가지로 변형하여 이용할 수 있습니다.
[제2유형: 제1유형+상업적 이용금지] **OPEN** 출처표시 상업용금지 공공누리 공공저작물 자유이용허락	이용자가 공공저작물을 무료로 자유롭게 이용하고 2차적저작물 작성 등과 같이 변형하여 이용할 수 있으나, 상업적 목적으로 이용하는 것은 금지됩니다.
[제3유형: 제1유형+변경금지] **OPEN** 출처표시 변경금지 공공누리 공공저작물 자유이용허락	이용자가 공공저작물을 상업적 활용 여부에 관계없이 무료로 자유롭게 이용할 수 있으나, 공공저작물의 내용을 변형 또는 변경할 수 없습니다.
[제4유형: 제1유형+상업적 이용금지 +변경금지] **OPEN** 출처표시 상업용금지 변경금지 공공누리 공공저작물 자유이용허락	이용자가 공공저작물은 무료로 자유롭게 이용할 수 있으나, 상업적 목적으로 이용하거나 2차적저작물 작성 등과 같이 변형하여 이용하는 것은 금지됩니다.

영리 개인이나 단체로서의 주최자가 부담함과 동시에 출연자들은 무보수로 참여해야만 위의 요건에 맞는다고 할 수 있다. 따라서 공연에 있어서는 학교에서 행하는 학예회나 동호인들이 모여 행하는 야외 음악회 또는 군악대 등이 행사장에서 행하는 연주 등과 함께 방송에 있어서는 농어촌이나 난시청 지역을 위한 유선방송 등이 여기에 해당한다.

또, 청중이나 관중으로부터 그 공연에 대한 반대급부를 받지 않는 경우에는 상업용 음반 또는 상업적 목적으로 공표된 영상저작물을 재생하여 공중에게 공연할 수 있다. 다만, 대통령령이 정하는 경우에는 해당되지 않으므로 반드시 확인이 필요하다. 따라서 영리를 목적으로 하거나 영리단체가 주관하는 공연이라도 청중 또는 관중들로부터 공연에 따른 반대급부만 받지 않는다면 이 규정에 해당하는 것으로 보인다. 다만, 판매용 음반이나 판매용 영상저작물의 재생을 통한 공연에만 이용이 허용되며, 방송은 이에 해당하지 않는다는 점에 주의해야 한다.

한편, 위와 같이 영리를 목적으로 하지 않는 공연이나 방송에 저작물을 이용할 때에는 저작물을 번역·편곡 또는 개작해서 이용할 수 있으며, 출처를 명시할 의무는 없다.

사적 이용을 위한 복제

공표된 저작물을 영리를 목적으로 하지 않고 개인적으로 이용하거나 가정 및 이에 준하는 한정된 범위 안에서 이용하는 경우에는 그 이용자는 이를 복제할 수 있다. 다만, 공중의 사용에 제공하기 위해 설치된 복사기기에 의한 복제는 해당하지 않는다.

이는 영리추구를 위한 대량복제의 결과가 저작재산권자의 이익을 해치는 행위로 나타나는 것과는 달리 개인 또는 가정에 준하는 소규모 인원이 폐쇄된 공간 안에서 이용하는 경우에는 저작재산권을 심각하게 침해하거나 저작물이 부당하게 대외적으로 널리 유통되게 할 가능성이 거의 없다는 점에서 인정하는 것이다. 예컨대, 복제 방법으로는 복사기를 이용해서 저작물을 복사하거나 USB 등을 이용해서 저작물을 녹음 또는 녹화하는 것을 들 수 있는데, 그 목적이 복제물로 공부를 하거나 악보를 복사해서 그것을 보고 노래를 부르거나 음악을 녹음한 후 그것을 반복재생 방식으로 감상하는 등 학습이나 취미 또는 단순한 오락의 차원이어야 한다.

또, 여기서 "가정 및 이에 준하는 한정된 범위"라고 한 것은 이용하는 사람이 단독의 개인은 아니지만, 가정처럼 개인적 결합관계로 모인 소규모 인원 대체적으로 10인 이내으로서 폐쇄적으로 이용하기 위해 복제하는 것을 말한다. 그러므로 소규모라 하더라도 회사 같은 곳에서 내부적으로 사용하기 위해 복제하는 것은 이에 해당하지 않는다.

우리 주변을 둘러보면 디지털 기술에 힘입어 복제 기술이 발달함에 따라 저작물의 이용 방법 또한 매우 다양해지고 있다. 복사기를 비롯한 복제기기는 원래 사무자동화 OA나 생활 편의를 도모할 목적으로 생겨난 것이지만, 지금은 그 이용 범위가 매우 확대되었을 뿐만 아니라 복제에 따른 비용 또한 저렴해짐으로써 이용자의 폭은 점점 늘어나고 있다. 이에 따라 저작물 및 출판물의 권리자들에게 위기의식이 생겨나고, 복사 및 녹음·녹화에 의한 복제물 제작이 심각한 저작권 침해 요소를 품고 있다는 우려의 목소리가 높아지고 있다. 왜냐하면 한번 복제된 저작물은 사적 이용의 단계를 넘어서 많은 사람의 모임을 통해 교환, 대여 또는 판매의 방법으로 반출되기도 함으로써 저작권 침해 우려가 높은데도 그러한 행위들이 위법임을 인식시키거나 구체적으로 검증하여 적발해 낼 수 없다는 문제가 있기 때문이다.

이처럼 사적 이용을 위한 복제 방식으로 저작물을 이용할 때에는 번역·편곡 또는 개작의 방법으로 이용할 수 있으며, 출처를 명시할 의무는 없다.

도서관 등에서의 복제 등

도서관법에 따른 도서관과 도서·문서·기록 그 밖의 자료를 공중의 이용에 제공하는 시설 중 대통령령이 정하는 시설은 다음 중 어느 하나에 해당하는 경우에는 그 도서관 등에 보관된 도서 등을 사용하여 저작물을 복제할 수 있다.

1. 조사·연구를 목적으로 하는 이용자의 요구에 따라 공표된
   도서 등의 일부분의 복제물을 1인 1부에 한하여 제공하는 경

우 디지털 복제는 해당하지 않음

2. 도서 등의 자체 보존을 위해 필요한 경우
3. 다른 도서관 등의 요구에 따라 절판 그 밖에 이에 준하는 사
   유로 구하기 어려운 도서 등의 복제물을 보존용으로 제공하
   는 경우 디지털 복제는 해당하지 않음

또, 도서관은 컴퓨터를 이용하여 이용자가 그 도서관 안에서 열람할 수 있도록 보관된 도서 등을 복제하거나 전송할 수 있다. 이 경우 동시에 열람할 수 있는 이용자의 수는 그 도서관에서 보관하고 있거나 저작권자 등으로부터 이용허락을 받은 그 도서의 부수를 초과할 수 없다. 아울러 도서관은 컴퓨터를 이용하여 이용자가 다른 도서관 안에서 열람할 수 있도록 보관된 도서 등을 복제하거나 전송할 수 있다. 다만, 그 전부 또는 일부가 판매용으로 발행된 도서 등은 그 발행일로부터 5년이 경과하지 않은 경우에는 그렇게 할 수 없다.

다음으로, 도서관은 허락 없이 디지털 복제를 할 수 있는 경우라 하더라도 해당 도서 등이 디지털 형태로 판매되고 있는 때에는 디지털 형태로 복제할 수 없다. 나아가 적법하게 도서 등을 디지털 형태로 복제하거나 전송하는 경우에 도서관은 저작권 등 보호되는 권리의 침해를 방지하기 위해 복제방지조치 등 필요한 조치를 해야만 한다.

마지막으로 도서관법에 따라 국립중앙도서관이 온라인 자료의

보존을 위해 수집하는 경우에는 해당 자료를 복제할 수 있다. 이는 정보기술의 비약적 발달에 따라 지식정보의 생산과 이용환경이 온라인으로 급속히 확산되고 있는 추세를 반영한 것이다. 곧 오프라인 자료에 비해 생성 및 소멸 주기가 짧은 특성을 가진 온라인 자료에 대한 관리가 미약한 상황임을 감안해서, 국가 기록물의 전반적 법정 수집기관인 국립중앙도서관이 정보통신망을 통해 공중의 이용에 제공되는 저작물 중 국가 차원에서 보존 가치가 높은 도서 등을 수집하여 보존할 수 있도록 복제 근거규정을 마련했다는 데 그 의미가 있다.

시험문제로서의 복제

학교의 입학시험 그 밖에 학식 및 기능에 관한 시험 또는 검정을 위해 필요한 경우에는 그 목적에 맞게 정당한 범위에서 공표된 저작물을 복제·배포할 수 있다. 다만, 영리를 목적으로 하는 경우에는 허용되지 않는다. 곧 시험문제를 출제하기 위해 공표된 저작물을 복제할 경우에는 저작재산권 침해가 아니라는 뜻이다. 여기서 말하는 시험문제란 크게 세 가지로 나누어 볼 수 있는데, 어떠한 경우든지 영리를 목적으로 하는 것은 제외된다.

첫째, 학교 입학시험으로서 공표된 저작물을 이용하는 경우가 있다. 우리나라에서는 고등학교 입학 또는 대학 및 대학교, 대학원에 진학하고자 하는 사람을 대상으로 입학시험을 치르는 것이 일반적인데, 이런 경우에는 저작재산권자의 허락이 없더라도 저작물을 복제하여 이용할 수 있다.

둘째, 그 밖의 학식 및 기능에 관한 시험에 공표된 저작물을 이용하는 경우가 있다. 각종 회사에서의 신입사원을 공개로 채용하기 위한 입사시험이나 공무원 및 교사 등을 뽑기 위한 각종 선발시험, 학교에서의 정기적인 학력평가나 모의고사, 자격증 부여를 위한 각종 기능시험 등이 여기에 해당한다.

셋째, 검정을 위해 필요한 경우가 있다. 즉, 각급 정규학교를 다니지 않고도 해당 학교의 학업을 이수한 것으로 인정받으려면 각급 과정의 학력인정 또는 입학자격 검정고시를 거쳐야 하는데, 그 경우에는 출제를 주관하는 곳에서 시험문제로서 저작물을 복제하여 이용할 수 있다.

여기서 허용되는 것은 시험문제 그 자체로만 복제하는 것이므로, 입학시험에 출제된 문제를 모아 참고서로 펴내는 시험문제집은 해당하지 않는다. 아울러 시험문제로 삼는 과정에서 무리하게 저작물에 변형을 가하게 되면 저작인격권으로서의 동일성유지권 침해 문제가 발생할 수도 있으므로 주의해야 한다. 그리고 영리를 목적으로 하는 경우에는 제외된다고 명시하고 있으므로, 영리를 목적으로 여러 저작물을 복제하여 시험문제를 출제하고자 할 경우에는 저작재산권자의 허락을 얻어야만 한다. 또한 시험문제로서의 복제 방식으로 저작물을 이용할 때에는 저작물을 번역해서 이용할 수 있으며, 출처를 명시할 의무는 없다.

시각장애인 및 청각장애인 등을 위한 복제 등

공표된 저작물은 시각장애인 등을 위해 점자로 복제·배포할 수 있다. 아울러 시각장애인 등의 복리증진을 목적으로 하는 시설은 영리를 목적으로 하지 않고 시각장애인 등의 이용에 제공하기 위해 공표된 어문저작물을 녹음하거나 시각장애인 등을 위한 전용 기록방식으로 복제·배포 또는 전송할 수 있다.

또, 누구든지 청각장애인 등을 위해서는 공표된 저작물을 한국수어로 변환할 수 있고, 이러한 한국수어를 복제·배포·공연 또는 는 공중송신할 수 있다. 시각장애인의 경우와 마찬가지로 청각장애인 등의 복리증진을 목적으로 하는 시설은 영리를 목적으로 하지 않고 청각장애인 등의 이용에 제공하기 위해 필요한 범위에서 공표된 저작물 등에 포함된 음성 및 음향 등을 자막 등 청각장애인이 인지할 수 있는 방식으로 변환할 수 있고, 이러한 자막 등을 청각장애인 등이 이용할 수 있도록 복제·배포·공연 또는 공중송신할 수 있다.

이렇게 시각장애인 및 청각장애인 등을 위해 저작물을 이용하는 경우에는 저작물을 번역해서 이용할 수 있으며, 그 출처를 반드시 명시해야 한다.

저작권의 진화

미술저작물 등의 전시 또는 복제

미술저작물 등의 원본 소유자나 그의 동의를 얻은 사람은 그 저작물을 원본에 의해 전시할 수 있다. 다만, 가로·공원·건축물의 외벽 그 밖에 공중에게 개방된 장소에 항시 전시하는 경우에는 저작권자의 허락을 얻어야 한다. 하지만 개방된 장소에 항시 전시되어 있는 미술저작물 등은 어떠한 방법으로든지 이를 복제하여 이용할 수 있다. 다만, 다음 중 어느 하나에 해당하는 경우에는 저작권자의 허락을 얻어야만 한다.

1. 건축물을 건축물로 복제하는 경우
2. 조각 또는 회화를 조각 또는 회화로 복제하는 경우
3. 개방된 장소 등에 항시 전시하기 위해 복제하는 경우
4. 판매의 목적으로 복제하는 경우

또, 미술저작물 등의 원본 소유자나 그의 동의를 얻어 전시를 하는 사람 또는 미술저작물 등의 원본을 판매하고자 하는 사람은 그 저작물의 해설이나 소개를 목적으로 하는 목록 형태의 책자에 이를 복제하여 배포할 수 있다.

다만, 위탁에 의한 초상화 또는 이와 유사한 사진저작물의 경우에는 위탁자의 동의가 없는 때에는 이를 이용할 수 없다. 이는 초상권과의 관계를 말하는 것으로, 어떤 사람의 위탁에 따라 화가가 초상화를 그렸거나 사진사가 증명사진 등을 찍었다면 그 초

상화 또는 사진의 저작권자는 화가 또는 사진사이지만, 거기에 피사^{被寫}된 인물의 초상에 따른 인격권도 무시할 수 없으므로 그것을 전시 또는 복제 등의 방법으로 이용할 경우에는 초상의 주인공으로부터도 허락을 받아야 한다는 뜻이다. 따라서 초상화 등을 어떤 형태로든 이용하고자 하는 사람은 저작권자뿐만 아니라 인격권자로서의 위탁자로부터도 허락을 받아야 한다. 대부분의 사진관에서 홍보용 사진을 잘 보이도록 전시하고 있는 것을 볼 수 있는데, 만일 이 같은 사진들이 초상의 주인공으로부터 허락을 얻지 않고 전시되었다면 이는 초상권 침해가 될 수 있다.

저작물의 공정한 이용

저작물의 통상적인 이용 방법과 충돌하지 않고 저작자의 정당한 이익을 부당하게 해치지 않는 경우에는 저작물을 이용할 수 있다. 이때 저작물 이용 행위가 공정한 이용에 해당하는지를 판단할 때에는 다음과 같은 사항 등을 살펴보아야 한다.

1. 이용의 목적 및 성격
2. 저작물의 종류 및 용도
3. 이용된 부분이 저작물 전체에서 차지하는 비중과 그 중요성
4. 저작물의 이용이 그 저작물의 현재 시장 또는 가치나 잠재적인 시장 또는 가치에 미치는 영향

원래 이 개념은 미국 저작권법에서 온 것으로 이른바 공정이용
fair use 이라는 말로 쓰인다. 이는 "저작권자가 아닌 사람이 저작권
자의 독점적인 권리에도 불구하고 저작권자의 동의 없이 저작물
을 합리적인 방식으로 이용하는 특권", 또는 "저작권법을 엄격하
게 적용하면 오히려 저작권법이 장려하고자 하는 창작성을 억제
하는 경우 그런 엄격한 적용을 법원이 회피할 수 있도록 허용하는
원리"라고 설명되기도 한다.

결국 특정 저작물에 대한 공정이용 여부는 영리성 여부, 저작
물의 종류 및 용도, 이용된 저작물의 비중, 시장에 미치는 영향 등
을 종합적으로 따져서 판단할 문제이다. 나아가 이러한 공정이용
조항은 일정한 범주에 속하는 행위를 저작권 보호의 예외로 규정
한 것이 아니라, 특정한 구체적인 행위가 공정행위에 속하는가를
판단하는 기준을 제시한 것이다. 따라서 유튜브 등 각종 SNS 플랫
폼에 올라오는 다양한 저작물처럼 기존 규정으로는 포괄하기 어
려웠던 이용 행위들에 대해서는 개별적으로 검토해야 하며, 최종
적으로는 법원 판결에 따라 그 기준이 결정될 수밖에 없을 것이다.

올바른 인용 방법과 예시

현행 저작권법 제28조에서는 위에서 예시한 것 이외에도 '공표
된 저작물의 인용'이라고 하여 "공표된 저작물은 보도·비평·교

육·연구 등을 위하여는 정당한 범위 안에서 공정한 관행에 합치되게 이를 인용할 수 있다"고 규정하고 있다. 이러한 인용에 대해 자세히 살펴보면 다음과 같다.

인용의 뜻

인용引用; quotation 이란 "다른 저작물의 내용 가운데에서 한 부분을 참고로 끌어다 쓰는 것"을 말한다. 특히 어문저작물을 작성함에 있어서는 매우 흔한 것이 인용이다. 그런데 대개의 이용자들은 저작권법에서 규정하고 있는 '인용'에 대해 제대로 이해하지 못하고 있는 듯하다. 아무렇게나 인터넷을 뒤져 여기저기서 저작물을 가져온 행위를 '인용'이라고 생각하는가 하면, 출처를 밝히기만 하면 다른 사람의 저작물을 가져다 써도 아무런 문제가 없다고 생각해서 버젓이 잘못을 저지르고 있기 때문이다.

글쓰기에 있어서 자기가 설명하거나 주장하는 내용을 뒷받침하기 위해서는 다른 사람의 저작물이나 권위 있는 자료에 근거했음을 제시하는 것이 매우 중요하다. 그래서 정당한 인용을 위해서는 인용부호따옴표를 활용해서 내 글이 아닌 부분과 함께 정확한 출처를 표시해주어야 한다. 내가 만들지 않은 표나 그림, 사진 등에도 마찬가지로 출처를 표시해주어야 하는 것이다.

인용은 학습윤리나 연구윤리에서도 중요한 문제이지만, 관련 법에서도 그 근거를 찾아볼 수 있다. 곧 현행 저작권법 제28조에서 규정한 것처럼 공표된 저작물은 "보도·비평·교육·연구 등을 위해서는 정당한 범위 안에서 공정한 관행에 합치되게" 이를 인용할 수 있다. 즉, 공표된 저작물을 보도·비평·교육·연구 등의 목적으로 '인용'하는 것은 저작재산권 침해가 아니라는 뜻이다. 하지만 그것은 어디까지나 정당한 범위 안에서 이루어져야 하고, 공정한 관행에 합치되는 방법이어야 한다. 그런데 문제는 '정당한 범위' 또는 '공정한 관행'에 관한 해석에 있다.[7]

먼저 "정당한 범위"에 대해 살펴보면, 다른 저작물을 자기가 작성하는 저작물에 인용해야만 하는 필연성이 인정되어야 하며, 또한 자기 저작물의 내용과 인용 부분 사이에는 일종의 주종관계가 성립되어야 한다는 것으로 해석할 수 있겠다. 자기가 창작하여 작성한 부분이 주主를 이루고, 그것에 담겨 있는 주제를 좀 더 부각시키거나 주장의 타당성을 입증할 목적으로 다른 저작물의 일부를 종從으로서 인용했을 때에 비로소 정당한 범위 안에서의 인용이 성립된다는 뜻이다. 다만, 다른 저작물의 일부라고 하는 것은 논문이나 소설 따위처럼 분량이 비교적 많아서 전체적인 인용이 불필요한 경우에 해당되는 것이며, 사진이나 그림 또는 시 따위처럼 그것의 일부 인용이 불가능한 것까지 포함되는 것은 아니다.

다음으로 "공정한 관행"이란, 인용 부분이 어떤 의도에서 이용되고 있으며, 어떤 이용 가치를 지니는가에 따라 달라질 문제이다. 사회적인 통념에 비추어 보아 타당하다고 여겨지는 방법으로서의 인용만이 공정한 관행에 합치되는 것이라고 볼 수 있는데, 그것은 인용되는 부분을 자기 저작물과는 명확하게 구별되는 방법으로 처리해야 한다는 의미까지도 포함한다. 예컨대, 보도의 자료로서 저작물을 인용할 수밖에 없는 경우, 자기나 다른 사람의 학설 또는 주장을 논평하거나 입증할 목적으로 다른 사람의 저작물을 인용하는 경우, 역사적 사실이나 경향을 살피는 글에서 이해를 돕기 위해 다른 저작물을 통째로 싣는 경우 등은 바로 공정한 관행에 합치되는 것으로 볼 수 있다는 말이다. 그렇더라도 인용에 있어서는 출처 명시의 의무가 엄격하게 적용되어야 한다. 인용 부분에 대한 적절한 구분이나 출처의 명시가 부정확하다면 그것이 인용인지 창작인지를 분간할 도리가 없기 때문이다.

따라서 다른 사람의 저작물을 일부라도 인용할 바에는 그 부분에 인용부호를 붙이거나 단락을 바꾸어 본문과는 다른 활자로 표시함으로써 인용 부분을 구분하는 것이 상식이다. 또한 학술관련 전문서적이나 논문에서는 출처로서의 저자명, 책명 또는 논문제목, 발행처, 발행연도, 해당 면수 등을 적절한 위치에 주註 표시로써 밝히는 것이 통례이고, 이러한 의무사항이 제대로 지켜지지 않는다면 그 저작물은 신용을 얻을 수 없을 것이다.

인용 방법과 예시

이러한 인용은 남의 저작물을 어떻게 인용하느냐에 따라 직접 인용, 간접인용, 재인용으로 나눌 수 있다. 직접인용은 남의 글을 원문 그대로 가져오는 것을 말하고, 간접인용은 원문을 요약하거나 자기 문체로 바꾸어 이용하는 것을 말한다. 재인용은 직접 원

저작권의 진화

인용의 유형

직접인용	직접인용을 할 경우, 인용한 부분을 인용부호(큰따옴표)로 표시하고 출처를 밝힌다.
간접인용	간접인용에서는 인용부호를 사용하지 않는다. 하지만 인용의 범위가 명확하게 드러나도록 해야 한다.
재인용	일반적으로 학술적인 글에서 재인용은 바람직하지 않다. 부득이 다른 사람이 인용한 글을 재인용해야 할 때는 '재인용'이라고 표시해야 한다.

출처: 국가과학기술인력개발원, 『학습윤리 가이드: 배우고 익히는 우리의 자세』, 56쪽.

문 출처를 확인해서 인용할 부분을 가져오는 것이 아니라 다른 사람이 먼저 인용해 놓은 것을 그대로 다시 가져오는 방식이다.

① 직접인용

직접인용은 다음 예시에서 보는 것처럼 남의 글을 가져와 자기 글 속에 넣으면서 인용부호큰따옴표로 표시하고, 그 출처를 밝혀주는 방식이다.

예시1

올바른 인용

독자의 책 읽기 과정은 적어도 세 단계의 과정을 포함한다. "첫째는 독자가 어떤 책과 작품을 선택하는 과정, 두 번째는 책을 읽어가는 해석·해독의 과정, 세 번째는 책을 읽은 뒤 책 읽기의 영향에 의해 자신의 삶을 재구조화하는 과정"*이다. 그러므로 독서는 고도의 지적 능력을 필요로 하는 대단히 복잡한 정신 작용으로서 다양한 지적 기능들이 한데 어울려 통합적으로 작용하는 정신 활동이라고 할 수 있다. 따라서 일선 학교에서의 독서 교육은 독서의 본질과 원리를 이해하고, 독서 기능을 체계적으로 습득하며, 독서에 대한 올바른 태도의 습관을 형성함으로써 학생들의 독서 능력을 보다 높은 수준으로 향상시킬 수 있다는 점을 전제로 이루어져야 한다.

* 천정환(2003), 『근대의 책 읽기』, 푸른역사, 47쪽.

예시2

잘못된 인용

책 읽기 과정은 독자가 어떤 책과 작품을 선택하는 과정, 책을 읽어가는 해석·해독의 과정, 책을 읽은 뒤 책 읽기의 영향에 의해 자신의 삶을 재구조화하는 과정 등 적어도 세 단계의 과정을 포함한다. 그러므로 독서는 고도의 지적 능력을 필요로 하는 대단히 복잡한 정신 작용으로서 다양한 지적 기능이 한데 어울려 통합적으로 작용하는 정신 활동이라고 할 수 있다. 따라서 일선 학교에서의 독서 교육은 독서의 본질과 원리를 이해하고, 독서 기능을 체계적으로 습득하며, 독서에 대한 올바른 태도의 습관을 형성함으로써 학생들의 독서 능력을 보다 높은 수준으로 향상시킬 수 있다는 점을 전제로 이루어져야 한다.

저작권의 진화

위에 나오는 잘못된 인용의 예를 보면 따옴표를 사용하지 않음으로써 다른 사람의 글과 자신의 글을 구별할 수 없게 되어있다. 이런 게 바로 표절이라는 중대한 잘못으로 이어지는 이유가 된다. 다만, 직접 인용하는 글이 여러 문장으로 이루어져 긴 경우에는 행을 바꾸고 좌우 여백을 둔 문단을 따로 만든 다음 출처를 밝혀주기도 하는데, 이때에는 따옴표를 해주지 않아도 된다.

예시3

긴 인용문

책 읽기를 포함하여 무언가를 '읽는 행위'가 낯설게 여겨지는 디지털 시대임에도 "인터넷의 등장으로 유형화된 책의 독자가 위축되거나 정체되어 있는 것은 사실이나, 그럼에도 불구하고 인터넷은 구텐베르크 이후 최대의 텍스트를 독자들에게 선물해 주고"* 있다는 견해는 어떤 의미를 담고 있을까. 인터넷을 중심으로 한 새로운 읽기 방식, 즉 독서는 고정된 형식의 책을 읽는 것이 아니라 유동적이고 다양한 플랫폼을 통해 이루어진다는 점에서 그렇다는 뜻을 담고 있는 게 아닐까.

실제로 오늘날 디지털 시대의 독자들은 블로그, 이메일, 하이퍼텍스트, 디지털 종이, 모바일 미디어 등을 통해 독서를 하는 경우가 많다. 급기야 전통적인 독서 방식으로서 '읽기' 혹은 '독서'는 이제 '서칭 searching' 또는 '브라우징 browsing', '다운로드 download' 등의 용어로 대체되기도 한다. 다음과 같은 견해는 오늘날 새로운 개념으로 진화하고 있는 '독서'의 단면을 잘 보여준다.

* 노병성(2008), 「아날로그와 디지털 텍스트의 독서 패러다임에 관한 고찰」,
『한국출판학연구』 제54호, 한국출판학회, 168쪽.

독서는 음독音讀에서 묵독黙讀으로, 그리고 묵독은 집중형 독서에서 분산형 독서를 거쳐 이제 '검색형' 독서로 변하고 있다. 서적사가들은 대체로 집중형 독서에서 분산형 독서로 이월한 시기를 18세기로 본다. 18세기는 산업혁명에 따른 문화 르네상스와 프랑스혁명 등으로 인해 새로운 독자층이 대거 유입된 시기이다. 과거에 교양계층이 아니었던 사람들, 즉 여성이 열심히 책을 읽기 시작했다. 그리고 21세기에 독서는 '검색'이란 행위로 말미암아 다시 혁명적 전환을 맞고 있다. 전문검색이라는 수단을 통한 '디지털 독서'를 독서라고 보아야 하느냐는 반론이 있을 수 있지만 독서환경은 급속하게 변하고 있으며 이미 대중은 그에 '중독'되어 있다. 유동의 전자 텍스트는 아직까지 질을 보장할 수 없지만 어쨌든 읽는 행위인 것만은 분명하며 앞으로 점차 세를 키워갈 것이다. 디지털 공간은 매체의 이동이 자유롭고 매체에 주어지는 각종 제약에서도 자유롭다. 또한 '읽는'다는 행위가 '텍스트 그 자체'까지도 조작할 수 있게 한다. 일종의 '편집' 행위가 '읽는' 행위에도 개입되기 시작한 것이다.**

** 로제 샤르티에 · 굴리엘모 카발로 엮음, 이종삼 옮김(2006),
『읽는다는 것의 역사』, 한국출판마케팅연구소, 표지 날개.

저작권의 진화

② 간접인용

간접인용을 할 때에는 인용부호^{따옴표}를 사용하지 않는 대신에
인용한 부분의 범위가 명확하게 드러나도록 해야 한다.

예시1

올바른 인용

모든 학계를 통틀어 통용되는 사실 중 하나가 바로 "객관적인
학문적 결과란 없다"는 것이다. 이 말은 그만큼 인문·사회과
학뿐만 아니라 자연과학 분야의 연구자들에게도 주관의 개입
이 불가피하다는 뜻을 담고 있다. 이런 학계의 현실에 대하여
'지식의 불확실성'을 주장하는 이매뉴얼 월러스틴 같은 학자
는 어떤 새로운 과학적 주장이 유효하거나 타당한지 우리는 알
수 없다는 사실을 강조한다. 지식이 복잡하게 전문화하고 각각
의 특정한 과학적 진술에 대해 극소수를 제외한 대부분의 사람
들은 제출된 증거의 질이나 자료 분석에 적용된 이론적 논거의
엄밀성을 합당하게 판단할 능력이 없다는 것이다.*

그러면서 "그것이 사리에 맞는다고 생각하는 근거는 무엇이
겠는가?"라고 물으며 이내 스스로 "우리는 저명한 권위에 의
해 축적된 증거들을 기준으로 삼는 경향이 있다"고 대답한다.
이어 "우리는 인용된 학자나 저널의 증언에 대한 신뢰도를 어
디에서 얻는가?"라는 질문과 함께 그것은 기록된 형태로는 좀
처럼 존재하지 않는다는 점을 강조한다. 그래서 우리는 사실상

그보다 높은 등급의 신뢰도에서 그런 신뢰도의 기준을 구한다는 점, 만약 우리가 아는 '진지한' 사람이 《네이처》가 일류이고 믿을 만한 저널이라고 말하면, 사람들은 대개 그렇다고 믿는다는 점을 예로 들면서 얼마나 많은 암묵적인 신뢰의 등급들이 서로서로에 기초를 두고 형성되는지 쉽게 알 수 있다고 한다.**

하물며 내용으로서의 질적 수준을 고려하지 않은 채 형식에만 얽매이거나, 그러한 형식마저도 제대로 갖추지 못한 채 횡설수설하는 글쓰기의 결과로 탄생한 연구 성과나 비평이라면 그것을 어떻게 인정할 수 있을 것인가? 연구논문은 물론이지만 서평쓰기에 있어서 정확한 글쓰기와 더불어 '인용'한 자료의 정확한 출처 명시가 필요한 이유를 바로 여기에서 찾을 수 있다.

* 이매뉴얼 월러스틴, 유희석 옮김(2007), 『지식의 불확실성』, 창비, 14~15쪽.
** 이매뉴얼 월러스틴, 유희석 옮김(2007), 위의 책, 15쪽.

그런데 간접인용을 한 글들을 보면 출처를 표시하긴 했지만 실제로 인용하고 있는 부분이 어디부터 어디까지인지 알 수 없는 경우가 많다. 다음의 예시를 보면 마치 마지막 문장만을 인용한 것처럼 보이는데, 실제로는 첫 문장을 제외한 전체 문장이 원문에서 가져온 것이다. 이 같은 잘못을 저지르지 않으려면 되도록 인용 분량을 짧게 하거나, 인용표시구 "아무개는 ~라고 한다" 또는 "아무개의 견해를 정리하면 다음과 같다" 등을 사용하는 것이 좋다. 또한 간접인용을 할 때에는 원문을 그대로 가져오기보다는 자신의 글에 맞게 말바꿔쓰기를 하는 것이 필요하다.

저작권의 진화

잘못된 인용

모든 학계를 통틀어 통용되는 사실 중 하나가 바로 "객관적인 학문적 결과란 없다"는 것이다. 이 말은 그만큼 인문·사회과학뿐만 아니라 자연과학 분야의 연구자들에게도 주관의 개입이 불가피하다는 뜻을 담고 있다. 이런 학계의 현실에 대하여 '지식의 불확실성'을 주장하는 학자들은 어떤 새로운 과학적 주장이 유효하거나 타당한지 우리는 알 수 없다는 사실을 강조한다. 지식이 복잡하게 전문화하고 각각의 특정한 과학적 진술에 대해 극소수를 제외한 대부분의 사람들은 제출된 증거의 질이나 자료 분석에 적용된 이론적 논거의 엄밀성을 합당하게 판단할 능력이 없다는 것이다. 그러면서 "그것이 사리에 맞는다고 생각하는 근거는 무엇이겠는가?"라고 물으며 이내 스스로 "우리는 저명한 권위에 의해 축적된 증거들을 기준으로 삼는 경향이 있다"고 대답한다. 이어 "우리는 인용된 학자나 저널의 증언에 대한 신뢰도를 어디에서 얻는가?"라는 질문과 함께 그것은 기록된 형태로는 좀처럼 존재하지 않는다는 점, 그래서 우리는 사실상 그보다 높은 등급의 신뢰도에서 그런 신뢰도의 기준을 구한다는 점을 강조한다.

만약 우리가 아는 '진지한' 사람이 《네이처》가 일류이고 믿을 만한 저널이라고 말하면, 사람들은 대개 그렇다고 믿는다는 점을 예로 들면서 얼마나 많은 암묵적인 신뢰의 등급들이 서로

서로에 기초를 두고 형성되는지 쉽게 알 수 있다고 한다.*

하물며 내용으로서의 질적 수준을 고려하지 않은 채 형식에만 얽매이거나, 그러한 형식마저도 제대로 갖추지 못한 채 횡설수설하는 글쓰기의 결과로 탄생한 연구 성과나 비평이라면 그것을 어떻게 인정할 수 있을 것인가? 연구논문은 물론이지만 서평쓰기에 있어서 정확한 글쓰기와 더불어 '인용'한 자료의 정확한 출처 명시가 필요한 이유를 바로 여기에서 찾을 수 있다.

* 이매뉴얼 월러스틴, 유희석 옮김(2007), 『지식의 불확실성』, 창비, 15쪽.

③ 재인용

일반적으로 인용은 원문을 확인하고 직접 인용하는 것이 바람직하다. 만일 부득이하게 남이 먼저 인용한 것을 다시 가져올 때에는 원문 출처와 함께 재인용 출처를 밝히고, '재인용'임을 표시해야 한다. 다음 예시 글을 보도록 하자.

인쇄매체의 원형은 출판 분야에서 비롯되었다. 베일리 H. S. Bailey 는 인쇄와 출판의 관계에 대해, "인쇄 printing 는 건축과 마찬가지로 봉사의 예술이다. 인쇄는 출판에 봉사하고, 출판은 문명에 봉사한다"[8]고 하였다. 이 말은 곧 인쇄술이 단순히 출판활동에만 국한되는 것이 아니라 문명진보의 주요조건으로 기능한다는 사실을 강조한 것이다.

결국 인쇄는 인류의 문화를 건설하기 위하여 출판을 포함한

저작권의 진화

인쇄매체에 봉사하는 수주산업으로 그 공정이 예나 지금이나 매우 복잡하여, 인쇄를 정의한다는 것은 손쉽지가 않다.

출처 : 김기태(2005), 『디지털 미디어 시대의 저작권』, 도서출판 이채, 19~20쪽.

만일 위의 글에서 '허버트 베일리'의 견해를 재인용하는 경우, 그 출처를 표시하는 방법은 다음과 같다.

Hebrt S. Bailey(1970), The Art and Science of Book Publishing, Austin: University of Texas Press, p.195., 김기태(2005), 『디지털 미디어 시대의 저작권』, 도서출판 이채, 19~20쪽 재인용.

④ 출처 표시 방법

글을 쓰면서 다른 사람의 글이나 각종 자료 등을 활용할 때에는 그 출처를 정확하게 밝혀주어야 한다. 그 이유는 무엇보다도 나의 주장이 든든한 근거와 확실한 자료에서 출발한다는 것을 보여줄 수 있기 때문이다. 또한 다른 사람의 공로를 존중하는 태도가 될 뿐만 아니라 나의 글을 읽는 사람들에게 관련 정보를 자세히 친절하게 제공하는 효과도 있기 때문이다.

이러한 출처는 일반적으로 주석註釋과 참고문헌의 형식으로 표시한다. 주석은 본문 중 인용한 부분마다 괄호 안에 표시하는 방법 또는 본문 아래에 각주로 표시하는 방법이 있다. 인터넷 자료를 활용하는 경우에는 활용한 자료가 나타나는 주소URL를 정확하게 표시하고, 접속일자도 함께 적어 준다.

인터넷 자료 출처 표시 방법

• 인터넷 매체 기사의 경우 : 기사 제목, 인터넷 매체 이름, 작성
  일자, 사이트 주소, 접속일자를 제시한다.
  「기사 제목」,《인터넷 매체 이름》, 작성일자, 사이트 주소(접
  속일자)
  「"첫사랑만큼 첫 책은 순수덩어리"… 초판만 6만 권 모았
  다」,《한국일보》, 입력 2024.12.20 04:30 수정, 2024.12.21.
  11:50, https://www.hankookilbo.com/News/Read/
  A2024121819550004048 (접속일: 2025.07.28.)

참고문헌은 본문에서 이용한 저서·논문·칼럼·언론기사 등을
체계적으로 정리해서 제시한 목록으로, 글의 맨 마지막에 놓인
다. 다만, 주석의 표기 방식과 참고문헌 작성 요령은 학문 분야마
다, 기관마다 다를 수 있다. 그러므로 글을 쓸 때마다 특정 기준에
따라 통일성 있게 작성하면 된다.

저작물 인용에 있어 반드시 지켜야 할 점

습관이 무섭다고 한다. 오죽하면 "세 살 버릇 여든 간다"고 했
을까. 우리 가정이나 학교, 사회 환경은 저작권 보호와 거의 관계
없이 유지되어 왔기에 국민 대다수는 저작권 보호에 대한 구체적
인 방법을 실천해 본 적이 없다. 말 그대로 '베끼기'가 일상적으로

이루어지다 보니 올바른 인용 교육을 받아본 적도 없고, 무엇이 옳고 그른지 판단조차 스스로 해본 적이 없다. 그렇다면 바른 인용을 위해서 우리가 반드시 알아야 할 기초지식에는 어떤 것들이 있을까?[9]

첫째, 저자는 자신의 저작물에 소개, 참조, 논평 등의 방법으로 타인이 작성한 저작물의 일부를 원문 그대로 또는 번역하여 인용할 수 있다. 이처럼 다른 저작자의 저작물을 인용할 때에는 해당 인용문을 정확하게 제시해야 하며, 왜곡하거나 논리적 근거가 빈약한 부분만을 제시해서는 안 된다.

둘째, 저자는 인용의 모든 요소저자명, 저서명, 학술지의 권·호수, 쪽수, 출간년도 등를 2차 출처에 의존하지 말고 원출처에서 직접 확인해야 하며, 다만 불가피한 경우에는 재인용임을 밝히고 인용할 수 있다.

셋째, 저자는 피인용 저작물이 인용 저작물과 명확히 구별될 수 있도록 신의성실의 원칙에 입각하여 합리적인 방식으로 인용해야 한다. 따로 구별되지 않고 그 출처가 밝혀져 있지 않은 부분은 모두 저자가 직접 작성한 글로 간주하며, 그에 따르는 책임을 면할 수 없기 때문이다.

넷째, 저자는 피인용 저작물 저작자의 저작인격권을 존중하여 반드시 공표된 저작물을 인용해야 하며, 공개되지 않은 학술자료를 논문심사나 연구제안서 심사 또는 사적 접촉을 통하여 획득한 경우에는 반드시 해당 연구자의 동의를 얻어 인용해야 한다. 그렇지 않으면 저작인격권 중 '공표권'을 침해한 것이 되기 때문이다.

다섯째, 저자는 타인이 이미 발표한 저작물에 담긴 이론이나 아이디어를 번안飜案해서 자신의 저작물에 소개할 때에는 그 출처를 명시해야 한다. 즉, 다른 연구자의 생각이나 데이터를 사용할 경우 그 출처를 정확하게 밝혀야 하며, 다른 저작자의 말을 그대로 사용하려면 인용부호로써 표시하고 그 출처를 밝혀야 한다. 또, 다른 저작자의 말을 자신이 쉽게 풀어쓰려면 자신만의 독특한 표현법을 사용하되 원문의 출처를 밝혀야 한다. 자신의 문체가 원문을 그대로 모방하지 않도록 주의하고, 원문과 비슷한 경우에는 차라리 직접인용으로 처리하는 것이 좋다.

이상에서 살펴본 것처럼 인용에 있어 엄격한 조건과 방식이 요구되는 까닭은 자신의 저작 행위에 있어 정직성을 확보한다는 점, 그리고 다른 저작자들의 생각을 폭넓고도 충분하게 경험할 수 있게 해준다는 점에서 찾을 수 있다. 곧 다른 저작자들의 성과물을 올바르게 인용하는 것이야말로 "글쓰기를 통한 작가 및 학자들 간의 멋진 소통"을 추구하는 것이며, 나아가 자신과 견해가 같은지 그렇지 않은지에 관계없이 다양한 관점과 겨뤄볼 수 있는 최선의 방법이기 때문이다. 요컨대, 다른 연구자들의 성과물을 올바르게 인용할 줄 아는 연구자는 그 내용을 자신에게 유리한 방향으로 조작하지 않으면서 자신의 견해와 다른 연구자의 그것을 비교하는, 혹독하면서도 공정한 절차를 통과함으로써 자신의 연구 방법이 갖는 우수성을 증명하게 되는 것이다.

학자들의 경우에는 자신이 쉽게 반박할 수 있을 정도로 논리적 근거가 빈약한 이론들만 인용의 대상으로 삼아서는 안 된다. 이러한 태도는 비윤리적일 뿐만 아니라 스스로 지적 태만을 인정하는 것이나 마찬가지이기 때문이다. 자신의 연구 결과 또는 관점과 반대되는 성과물을 골라 정확히 제시하고 비교함으로써 자신의 그것이 더욱 우수하다는 점을 입증할 수 있다면 결과적으로 훨씬 더 설득력을 얻는 동시에 학문적 영향력 또한 높아질 것이기 때문이다. 앞으로 훌륭한 작가로, 학자로 성장해야 할 학생들에게 학습윤리가 필요한 이유 또한 다르지 않다.

저작물을 보호하고 학습윤리·연구윤리를 지켜야 하는 이유

저작물을 창작한 사람에게 '저작권'이라는 권리를 부여해서 굳이 보호하는 이유는 무엇일까? 아마도 "저작물은 곧 문화발전의 원동력이 되므로 좋은 저작물이 많이 나와야 그 사회가 문화적으로 풍요로워질 수 있기 때문"이라고 할 수 있을 것이다. 만일 저작자에게 아무런 권리를 부여하지 않는다면 저작자가 장기간 노력해서 창작한 저작물을 누구든지 아무런 대가를 치르지 않고도 마음대로 이용하게 된다. 그렇게 된다면 저작자들은 더 이상 창작

행위를 계속하지 않을 것이 분명하고, 이는 곧 인류 발전의 퇴보를 가져올 것임이 틀림없다. 결국 저작권을 보호하는 이유는 권리 행사를 통해 창작을 위한 노력에 대한 적절한 보상을 보장함으로써 창작 행위를 계속할 수 있는 동기를 제공하기 위함임을 거듭 확인할 수 있다.

나아가 저작권은 윤리적·도덕적·법적 측면을 고루 갖추고 있다. 법적 강제력으로만 저작권 보호를 달성할 수는 없다. 권리자와 이용자 모두가 윤리적이고 도덕적으로 이를 인식해야 하며 이와 더불어 실천이 뒤따라야만 저작권을 보호할 수 있다. 인간의 창의적 활동과 저작권 보호는 결국 서로에게 반드시 필요한 요소라고 할 수 있다. 창작 활동과 저작권은 아름다운 만남의 주체가 되어야 한다. 저작권은 창작 활동의 든든한 후원 기능을 담당하고, 창작자는 저작권 행사와 공정이용을 수행함으로써 서로를 드높이는 관계로 나아가야 한다.[10]

학습윤리와 연구윤리도 마찬가지다. 만일 학습윤리를 지키지 않는 학생이나 학습윤리를 잘 지키는 학생이 똑같은 기준으로 평가를 받고 점수를 얻는다면, 연구윤리를 지키지 않는 연구자가 승승장구하고 더 많은 연구비를 받아간다면 그것은 공정한 결과라고 할 수 없다. 특히, 학습 과정에서조차 윤리의식을 갖지 못한다면 어른이 되어서도 사회를 위한 윤리의식을 가질 수 없을 것이고, 더구나 우리 사회의 지도자로 성장하는 과정에서 큰 걸림돌이 될 수밖에 없다. 설사 학습윤리를 어겨서 좋은 점수를 얻은 학생이 좋은 대학에 가고, 유명인사가 되고, 우리 사회의 지도자가 된다 해도 그는 훌륭한 지도자가 아닌 자기 이익밖에 모르는 탐관오리가 될 가능성이 크다. "세 살 버릇 여든 간다"는 속담이 아니더라도 학습윤리를 잘 지키는 사람이 훌륭한 사회인으로, 탁월한 연구자로, 우리 국가와 민족을 풍요롭게 하는 지도자로 성장할 것이라는 믿음을 잃어서는 안 되겠다.

생각+ 쓰기와 윤리는 하나다

언제부턴가 우리 언론 매체에서는 "유명인사의 표절 논란이 잇달아 불거지면서 초등학생부터 대학교수까지 표절을 대수롭지 않게 여기는 풍토에 대한 대책 마련이 시급하다"는 내용의 보도가 자주 나오고 있다. 실제로 포털사이트에 들어가 보면 "일기거리와 일기 내용 좀 부탁 ㅠㅠ", "『호밀밭의 파수꾼』 독후감 좀 써 주세요. 내공 60점 드림" 같은 제목의 질문 아닌 질문들이 게시판을 버젓이 장식하고 있다. 더욱이 답변란에는 출처불명의 정보와 글, 기사가 줄줄이 올라와 있고 심지어 '내공' 점수를 얻기 위해 독후감이나 일기를 써서 올린 경우도 부지기수다.

이쯤 해서 한번 생각해 보자. 내가 여러 모로 궁리하고 여러 차례 고치기를 거듭한 끝에 완성한 글을 누군가 몰래 훔쳐다가 자기가 쓴 것처럼 행세한다면 어떤 마음이 들까? 선생님께서 내주신 숙제를 밤새 열심히 해서 학교에 가져갔는데, 짝꿍이 몰래 베껴서 낸다면 또 어떤 기분이 들까?

이처럼 무언가를 창작하는 일은 어렵지만 남의 저작물을 베끼는 일은 매우 쉽다. 돈을 벌기는 어렵지만 쓰기는 쉬운 것과 같은 이치라고나 할까. 만일 저작권을 보호하지 않는다면 스스로 창작하려고 애쓰는 사람보다는 남의 저작물을 베끼려는 사람들이 더 많아질 것이고, 그렇게 되면 우리 문화는 더 이상 발전할 수 없게 될지도 모른다. 그래서 함부로 베끼는 것을 법으로 막아주고, 저작권을 보장해 줌으로써 창작에 기여한 공로를 기리기 위해 저작권법을 만든 것이다.

하지만 법 이전에 우리는 윤리 의식을 가져야 한다. 특히 쓰기 활동에 있어서의 윤리란 '쓰기'를 하는 사람이라면 누구나 지켜야 할 규칙과 덕목을 뜻한다. 그렇다면 우리는 왜 쓰기에서의 윤리를 중요하게 여겨야 하는 걸까.

첫째, 우리가 쓰기를 통해 배우고자 하는 것은 바로 진리를 추구하는 일이기 때문이다. 진실한 이치를 담은 글을 쓴다고 하면서 진실한 방법을 사용하지 않는다면 우리는 결코 쓰기의 목표에 이를 수 없다.

둘째, 정직한 쓰기 활동만이 진정한 쓰기 능력을 길러 주기 때문이다. 따라서 성실한 노력을 바탕으로 한 자발적이고 정직한 쓰기 활동이 중요하다. 우리 사회가 요구하는 창의적 지식과 아름다운 문학 작품을 생산할 수 있는 능력은 저절로 생겨나는 것이 아니다.

셋째, 우리가 공부를 하면서 익혀야 하는 것은 다양한 학술 지식뿐만 아니라 공부하는 올바른 태도이기 때문이다. 아무리 많은 지식을 가진 사람일지라도 올바른 태도를 갖추지 못했다면 자신이 가진 지식을 잘못 사용하기 쉽다. 쓰기 때도 또한 마

저작권의 진화

찬가지다. 올바른 쓰기 태도만이 우리 사회를 더욱 건강하게 발전시킬 수 있는 글을 쓰게 해준다.

넷째, 정직하지 못한 쓰기 행위는 공정한 평가를 왜곡할 수 있기 때문이다. 다른 사람이 많은 시간과 노력을 기울여 이룬 성과를 가로채서 칭찬을 받는 행위를 생각해 보자. 시험에서의 부정행위는 또 어떤가. 이러한 행위들은 결국 성실하고 정직하게 공부하는 다른 학우들에게 피해를 준다.

1997년 영국에서 처음 출간되어 2007년 7권으로 완간된 '해리포터 시리즈'를 모르는 사람은 없을 것이다. 지금까지 우리 한글을 비롯하여 모두 67개 언어로 번역되어 무려 4억 5천만 부 이상 팔린 것으로 알려져 있다. 또 이 작품은 다시 2001년부터 영화로 제작되기 시작하여 2011년 7월에 8편 『해리포터와 죽음의 성물2』가 선보임으로써 10년에 걸쳐 전 세계 어린이들을 열광시켰다. 그런데 이 작품을 창작한 '조엔 K. 롤링'이라는 작가에게 만일 저작권이 주어지지 않았다면 어떻게 되었을까? 제2, 제3의 해리포터가 창작되려면 저작권은 반드시 보호되어야 한다. 지금 이 순간에도 미래의 위대한 예술가 또는 학자가 되기 위해 열심히 공부하는 친구들에게 저작권은 든든한 보험인 셈이다.

오늘날 우리가 사는 세상은 온갖 지식과 정보를 바탕으로 발전하고 있다. 이러한 지식과 정보는 새로운 아이디어를 통한 창의적인 활동의 결과물들이라고 할 수 있는데, 그 경제적 가치가 점점 높아지고 있다. 그리하여 오늘날에는 '지식재산권'이란 걸 만들어 적극 보호하기에 이르렀다. 이러한 지식재산권 중 하나가 저작권이다.

쓰기 활동의 결과로 주어지는 저작권 또한 저작자의 창작 의욕을 북돋워 줌으로써 보다 유익한 작품을 많이 창작하게 한다. 나아가 저작권을 행사하여 개인적으로 다양한 이익을 얻을 뿐만 아니라 문화 상품의 수출을 통해 관련 산업의 발전에도 큰 영향을 끼치게 된다.

다시 한 번 생각해 보자. 만일 이러한 저작권을 법으로 보호하지 않는다면 어떻게 될까? 누구든지 마음대로 남의 저작물을 베낄 수 있다면 여러모로 편리할 텐데 왜 그렇게 하면 안 된다고 하는 걸까?

우리는 이제 누가 가르쳐주지 않아도 남의 물건을 훔치면 안 된다는 사실을 잘 알고 있다. 아무리 배가 고파도 밥값이 없으면 식당에서 밥을 먹을 수 없다는 점도 잘 알고 있다. 만일 남의 물건을 함부로 훔치거나 식당에서 밥을 먹고 밥값을 내지 않게 되면 처벌을 받게 된다.

저작권도 마찬가지다. 저작물을 창작하는 사람들은 나름대로 힘든 과정을 거쳐 다른 사람들에게 감동을 주는 결과물을 세상에 내놓게 된다. 열심히 일해서 번 돈으로 집을 사고 땅을 사서 재산으로 삼는 것처럼 저작물 또한 누군가의 노력에 의한 재산이 될 수 있는 것이다.

남의 물건을 훔쳐도 좋다면 열심히 일할 필요가 없다. 남의 것을 빼앗으면 되니까. 남의 창작물을 베껴도 좋다면 굳이 힘든 과정을 거쳐 창작할 필요가 없다. 남의 저작물을 그냥 가져다 쓰면 되니까.

물질이 육체를 지켜주는 영양분이라면 저작물은 우리 정신을 올바르게 일깨워주는 마음의 양식이다. 쓰기 윤리에 입각하여 열심히 저작물을 창작한 사람들을 격려하고 존경하는 마음이 바로 저작권을 보호하는 행위로 나타난 것임을 잊지 말아야 하겠다.

출처: 방민호 외(2013), 『중학교 국어 4』, 지학사.

저작권의 진화

결론은 사람입니다

디지털 미디어 환경에서 저작권은 그것의 보호만을 강조하다 보면 저작물에 대한 접근을 원천적으로 막거나 저작권법이 보장하고 있는 '사적 이용을 위한 복제'까지 규제하게 됩니다. 오프라인 서점에서 우리는 책을 복제하지 않더라도 얼마든지 접근할 수 있지만, 디지털 환경에서는 특정 저작물에 접근해서 내용을 확인하는 것 자체가 복제를 수반하게 마련이지요. 아울러 과거의 저작권은 주로 영리 목적의 대량 복제를 규제하는 것만으로도 충분히 보호할 수 있었습니다. 하지만 오늘날 저작권은 보호의 한계가 여기저기서 노출되고 있습니다. 디지털 기술은 눈부시게 진보하는 반면 우리 의식은 여전히 무단 복제 시대를 벗어나지 못하고 있기 때문이지요.

이런 위험성을 줄이려면 우선 저작권 보호의 당위성을 누구든지 이해하고 실천할 수 있는 사회적 분위기가 조성되어야 합니다. 초등학교에서부터 저작권 보호를 생활화할 수 있어야 하며,

정당하고도 공정한 인용의 방식을 가르쳐야 합니다. 아울러 온라인상에서의 예절에 입각하여 저작권을 존중하는 풍토가 누리꾼들 사이에 정착되어야 합니다. 또, 국가나 지방자치단체의 차원에서 지식과 정보를 기록·보존하고 누구든지 쉽게 접근할 수 있도록 체계화하려는 노력이 뒤따라야 합니다. 이미 저작권 보호기간이 만료된 저작물들을 바탕으로 자칫 묻혀버릴 수 있는 유용한 지식을 발굴하고 보존함으로써 이용자들이 쉽게 정보를 검색하고 접근할 수 있도록 도울 필요가 있는 것이지요.

나아가 저작권자들 또한 이용자 편의 증진을 위해 노력해야 합니다. 그중 하나의 방법이 바로 '라이선스 표시' 등 권리관리정보를 구축해 나가는 것을 생각해 볼 수 있습니다. 예컨대, "영리 목적의 이용이 아니라면 출처를 명시하고 자유롭게 이용해도 좋다"거나 "이용허락을 얻으려면 반드시 연락해 달라"는 등의 표시를 하는 등 저작권자들이 적극적으로 자기 권리에 대한 구체적 판단을 해 줌으로써 이용자들이 쉽게 접근할 수 있도록 배려해야 합니다. 오늘날과 같은 저작권 법제에서는 별다른 표시가 없는 한 저작권이 주어지는 저작물로 추정되기 때문에 이용자들에게 자신이 창작한 저작물을 어떤 방식으로 이용할 수 있는지 적극적으로 알릴 필요가 있다는 뜻이지요. 다만, 아무런 조건 없이 자기 저작물에 대한 저작권을 포기하게 되면 악의적인 이용 사례가 나타날 수 있으므로 주의해야 합니다. 그러므로 자신의 저작물을 다른 사람이 일정한 조건에 따라 이용하는 것을 손쉽게 해 주는 동시에

저작권의 진화

자신의 뜻이 왜곡되지 않도록 하기 위해 다양한 라이선스 표시의 방식을 연구할 필요가 있다고 생각합니다.

끝으로, 요사이 우리 사회를 지배하고 있는 디지털 세상에 대한 환상과 관련하여 "과연 그럴까?"라는 의문으로 돌아가 봅시다. 인간 그 자체는 분명 아날로그요, 사상과 감정 또한 아날로그에 가깝습니다. 그것을 제어하거나 통제하는 능력에 있어서 정형화된 디지털은 범접할 여지가 없습니다. 기술은 어디까지나 인간 생활의 수단으로 기능해야 합니다. 그것이 인간의 우위에 자리잡는 날 인간성은 말살될 것이기 때문이지요. 예컨대, 한 권의 책 속에 담긴 내용이 인간 내면의 사상이요 감정일진대, 그것을 판독하는 장치가 디지털화한다고 해서 무엇이 크게 달라질까요. 인공심장을 달았다고 해서 그가 로봇이 될 수는 없는 노릇입니다. 마찬가지로 책이 디지털화한다고 해서 그 내용까지 기술종속적일 수는 없는 노릇이지요.

저작권은 어디까지나 우리 인간의 사상과 감정을 표현한 문화의 산물입니다. 문화는 곧 우리 스스로 창조하고 면면히 계승하는 것이며, 그것의 주체는 또한 우리 인간입니다. 앞으로 복제를 포함한 디지털 기술은 점점 더 발전해 나갈 것이고, 저작물의 양상 또한 날로 다양해질 겁니다. 그러므로 저작권을 보호하고 창작에의 욕구를 지속적으로 북돋우려는 노력이 뒤따르지 않는다면 저작권법이 추구하는 문화의 향상, 발전은 기대하기 어려울지도 모릅니다.

저작권 보호와 관련하여 "거인의 어깨 위 난쟁이는 거인보다 멀리 볼 수 있다"는 말이 있습니다. 여기서 '거인'이란 현재의 저작자들보다 앞서 창작활동을 통해 저작물을 남긴 선배 저작자들을 가리킨다는 점에서, 창작을 위해서는 다른 사람이 만들어 놓은 저작물을 모방하거나 인용할 수밖에 없다는 점을 강조한 말입니다. 다만 난쟁이가 거인의 어깨 위에 올라서는 특권을 누리기 위해서는 거인으로부터 허락을 받아야 하거나 거인에게 그에 따르는 대가를 지불해야 한다는 뜻도 내포하고 있습니다. 그럼에도 거인과 난쟁이로 비유되는 저작자著作者들이 혼재하는 우리 학계와 예술계에서 표절 및 저작권 침해 문제가 끊임없이 제기되는 이유는 이 같은 저작권 제도의 취지를 제대로 이해하지 못한 결과일 것입니다.

단언컨대, 저작자는 누구든지 "거인의 어깨 위에 올라서 있는 난쟁이"입니다. 창작 행위의 결과물인 저작물은 다양한 매체를 통해 마치 새로운 것처럼 공표되지만, 이미 다른 창작물로부터 영향을 받아 서로 관계를 주고받는 가운데 생산되는 것이기에 저작권법에서도 소극적이나마 저작물이 사회적 생산 결과임을 인정하고 있습니다. 그러나 상당수의 저작물이 퍼블릭 도메인으로 흡수되어야 함에도 저작재산권의 보호기간이 점차 연장됨으로써 저작권자에게는 보다 강력한 통제권이 생기게 되었고, 그로 인해 더 풍요로운 창작활동의 가능성이나 2차적 창작의 가능성이 줄어드는 상황임을 감안할 때 퍼블릭 도메인은 적극적으로 넓게 해석할 필요가 있다고 판단됩니다. 다음으로, 기존 제도가 소홀히 취급하고 있는 저작권 관련 사항들을 좀더 분명하게 하기 위해서는 형식적인 절차가 확대되어야 한다는 점을 강조하고 싶습니다.

결국 디지털 혁명으로 표현되는 기술적 진보와 함께 저작권 환경이 급변함으로써 아날로그 미디어에서 파생한 저작권 질서가 크게 흔들리고 있지만, '법보다 사람'이라는 인식을 바탕으로 '공정이용'을 확대하는 방향으로의 법리 도입과 함께 형식적 절차를 보완하는 제도적 장치가 마련되어야 합니다. 다만, 고의적이고 상업적인 저작권 침해 행위에 대해서는 '징벌적 손해배상'과 더불어 강력한 형사처벌이 가능해져야 합니다. 그리하여 공정이용을 기반으로 한 저작권 보호 관행이 정착된다면 인간 본위의 새롭고 건강한 저작권 질서를 구축할 수 있을 것이며, 나아가 저작물 이용에 따른 분쟁을 줄이고 새로운 콘텐츠의 창작 활성화와 더불어 새로운 시장의 창출도 기대할 수 있을 겁니다.

결론적으로, 4차 산업혁명 시대에도 사람이 중심에 있어야 하고, 기술은 인간을 위해 봉사하는 도구여야 합니다. 그렇게 되기 위해서라도 창작은 언제까지나 사람의 몫임을 잊지 말아야겠습니다. 고맙습니다.

장면과 배후로 보는 매체의 변화와 저작권

1   사서는 『논어(論語)』·『맹자(孟子)』·『중용(中庸)』·『대학(大學)』을 가리
    키며, 삼경은 『시경(詩經)』·『서경(書經)』·『역경(易經)』을 일컫는다. 유
    학의 기본이 되는 경전으로 중국에서는 여기에 『예기(禮記)』와 『춘추(春
    秋)』를 더하여 사서오경으로 부른다.

2   규슈의 오이타 현에 있는 나카쓰 번에서 하급 무사의 아들로 태어나 계
    몽가이자 사상가, 교육가, 저술가로 활약하며 일본의 근대화를 이끌었
    던 인물. 한편으로는 그를 일본 제국주의의 아시아 침략사상을 구축한 대
    표적인 학자로 보는 견해도 있다. 야스카와 주노스케, 이향철 옮김(2011),
    『후쿠자와 유키치의 아시아 침략사상을 묻는다』(역사비평사) 참조.

3   著作權法百年史編纂委員會 編著(2000), 『著作權法百年史』(東京: 著作権
    情報センター), 5쪽.

4   출처: USCO, Copyright Registration Guidance: Works Containing
    MatterialGenerated by Artificial Intelligence, 2023.3.16.

2장. 대량복제 시대

1   『후한서(後漢書)』의 「환관전(宦官傳)」에 나오는 종이 발명에 관한 기록
    에 의하면, 후한의 원흥(元興) 원년인 105년에 채륜(蔡倫)이 나무껍질과
    마(麻), 헌 헝겊, 어망 등을 물에 불려 찧어서 종이를 처음으로 만든 것으
    로 기록되어 있다. 이는 오늘날 기계로 나무를 빻고 백토 등을 가하여 망
    (網)을 통해 펄프 형태로 처리하는 현대식 제지법과 기본적인 원리는 같
    다. 종이는 당시까지 서사 재료로 사용되던 죽간이나 비단보다 훨씬 우
    수하여 널리 사용되기 시작하면서 제지술 또한 빠른 속도로 진보하였

다. 초기의 종이는 단순하고 투박한, 풀을 먹이지 않은 섬유의 그물에 지나지 않았으나, 기술이 진보하면서 먹을 잘 흡수하도록 종이 표면에 이끼로 만든 아교풀이나 녹말풀을 먹이고 석고를 입혀 희게 한 제품도 나왔다. 이러한 개량은 이미 제지술이 아라비아에 전해지기 전에, 그리고 목판 인쇄술이 생겨나기 전에 이루어졌다. 제지술은 발명된 이후 약 5백 년 후인 593년 고구려 영양왕 때 우리 나라에 전래되어 활용되었으며, 신라 진흥왕 때부터는 국사를 기록하는 데 종이를 만들어 사용했다. 그리고 일본에는 고구려의 승려인 담징에 의해 610년에 전파되었다. 그러나 서양에는 그보다 훨씬 뒤인 12세기에 이르러서야 비로소 제지술이 전파되었다. 당나라와 사라센 제국이 중앙 아시아의 파미르 고원을 놓고 패권을 다투었을 때 포로로 잡혀간 중국인 제지 기술자에 의해 757년 사마르칸트에 처음으로 제지공장이 세워졌다. 제지술은 12세기경 무어인에게 전파되어 당시 그들이 정복하고 있던 스페인에 전해짐으로서 유럽 지역에도 처음으로 제지공장이 생겨났으며, 프랑스와 이탈리아를 거쳐 독일이나 영국에까지 전해지게 되었다. 출처: 대한인쇄문화협회.

2 정식 명칭은 '백운화상초록불조직지심체요절'(白雲和尙抄錄佛祖直指心體要節)이며, 간략 서명은 '불조직지심체'이다. 간단히 '직지심체요절', '직지'로 불리며, 영어권에도 'Jikji'로 알려져 있다. 중심주제인 직지심체(直指心體)는 사람이 마음을 바르게 가졌을 때 그 심성이 곧 부처님의 마음임을 깨닫게 된다는 뜻이다. 현존하는 것은 하권 1책뿐인데, 1800년대 말 '콜랭 드 플랑시' 주한 프랑스 공사가 사갔으며, 경매에서 '앙리 베베르'라는 골동품 수집가가 다시 산 것을 프랑스 국립도서관에 기증했고, 이는 아직까지 프랑스 국립도서관에 보관되어 있다. 이후 우리나라 박병선 박사에 의해 전 세계에 남아 있는 금속활자로 인쇄된 책 중에서 가장 오래된 것임이 밝혀졌다. 『승정원일기』와 함께 2001년 9월 4일 유네스코 세계기록유산에 등재되었다.

3 두루마리로 된 책자. 또는 그렇게 책을 장정하는 방법. 종이의 한쪽 끝에는 둥근 막대기 모양의 권축(卷軸)을 달고 다른 한쪽에는 대나무 따위를 덧대고 끈을 달아서 보관할 때에는 둥글게 말아 두었다가 읽을 때는 풀

어 보도록 만들었다.

4 로제 샤르티에·굴리엘모 카발로 엮음, 이종삼 옮김(2006), 『읽는다는 것의 역사』(한국출판마케팅연구소), 표지 날개.

5 남형두(2015), 『표절론』(현암사), 43쪽.

6 리처드 포스너, 정해룡 옮김(2009), 『표절의 문화와 글쓰기의 윤리』(산지니), 95쪽.

7 남형두(2015, 위의 책, 55쪽.

8 리처드 포스터, 정해룡 옮김(2009), 위의 책, 80쪽, 96~97쪽.

9 남형두(2015), 위의 책, 44~45쪽. 표절에 관한 방대한 동·서양 자료를 섭렵하고 이를 정리하고 자신의 견해를 덧붙여 700쪽이 넘는 저술을 발행함으로써 관련 연구자들에게 '거인의 어깨'를 빌려준 남형두 교수에게 경의를 보낸다.

10 특정한 물건을 직접 지배하여 배타적 이익을 얻는 권리

11 특정인이 다른 특정인에게 어떤 행위를 청구할 수 있는 권리

12 이 부분은 '특허법원 지적재산실무소송연구회 편(2006), 『지적재산소송실무: 특허·실용신안·디자인·상표』(박영사)'를 참조하여 작성되었음.

13 르네상스(이탈리아어: Rinascimento, 프랑스어: Renaissance, 영어: Renaissance)는 유럽 문명사에서 14세기부터 16세기 사이 일어난 문예부흥 또는 문화 혁신 운동을 말한다.

14 이 법은 영국 도서출판업조합(Stationers' Company)의 요구로 제정되었으며, 발효 연도는 1710년이다. 정식 명칭은 다음과 같다. An act for encouragement of learning, by vesting the copies of printed books in the authors or purchasers of such copies, during the times therein mentioned.—The Statute of Anne.

15 이는 저작권의 국제적 보호를 목적으로 한 세계적 규모의 최초 협약으로 정식 명칭은 '문학적 및 미술적 저작물의 보호에 관한 베른협약(Berne Convention for the Protection of Literary and Artistic Works)'이다.

16 장판면허(藏版免許)와 같은 뜻으로 쓰인 것으로 보인다.

17 「1872년 미국에서 출판된 '존 하월즈(ジョン・ハヲウイルス)'의 법률운

부(韻府) 제1책 363페이지 '카피라이트' 조항 발췌 요약」의 주석 부분. 저작권법100년사편찬위원회 편(2000), 51쪽 재인용.

18 오늘날에도 '출판권'이라고 해야 할 것을 '저작권'이라고 하거나, '저작권'이라고 해야 할 것을 '출판권' 또는 '판권'이라고 하는 사례가 많이 있다. 예를 들어, 번역 도서에 등장하는 '한국어판 저작권'이란 용어는 '한국어판 출판권'이라고 해야 옳으며, '영화 판권'이란 말은 '영화 저작권'으로 표현해야 한다.

19 1. 세계저작권협약 (Universal Copyright Convention; 약칭 UCC) : 1987년 10월 1일 발효

2. 음반협약(Convention for the Protection of Producers of Phonograms Against Unauthorized Duplication of Their Phonograms; 약칭 Phonograms Convention) : 1987년 10월 10일 발효

3. 세계무역기구 지식재산권협정(The Agreement on Trade Related Aspects of Intellectual Property Rights, Including Trade in Counterfeit Goods; 약칭 WTO/TRIPs) : 1995년 1월 1일 발효

4. 베른협약(Berne Convention for the Protection of Literary and Artistic Works; 약칭 Berne Convention) : 1996년 9월 21일 발효

5. 세계지식재산권기구 저작권조약(WIPO Copyright Treaty; 약칭 WCT) : 2004년 6월 24일 발효

6. 로마협약(Rome Convention for the Protection of Performers, Producers of Phonograms and Broadcasting Organizations; 약칭 Rome Convention) : 2009년 3월 18일 발효

7. 세계지식재산권기구 실연·음반조약(WIPO Performances and Phonograms Treaty; 약칭 WPPT) : 2009년 3월 18일 발효

3장. 대중매체 시대

1   동양의 초창기 저작권 개념에 대한 보다 자세한 내용은 김기태(2014),
    『동양 저작권 사상의 문화사적 배경 비교 연구: 한국·중국·일본의 근대
    출판문화를 중심으로』(도서출판 이채), 48~53쪽 참조.
2   유발 하라리, 조현욱 옮김(2015), 『사피엔스』(김영사) 참고.
3   유발 하라리, 김명주 옮김(2017), 『호모 데우스: 미래의 역사』(김영사)
    참고.
4   정보통신기술(ICT)의 융합으로 이뤄지는 차세대 산업혁명. 인공지능,
    로봇기술, 생명과학이 주도하는 차세대 산업혁명을 말한다. ▷ 1784년
    영국에서 시작된 증기기관과 기계화로 대표되는 1차 산업혁명 ▷ 1870
    년 전기를 이용한 대량생산이 본격화된 2차 산업혁명 ▷ 1969년 인터넷
    이 이끈 컴퓨터 정보화 및 자동화 생산시스템이 주도한 3차 산업혁명에
    이어 ▷로봇이나 인공지능(AI)을 통해 실재와 가상이 통합돼 사물을 자
    동적, 지능적으로 제어할 수 있는 가상 물리 시스템의 구축이 기대되는
    산업상의 변화를 일컫는다. 출처: [네이버 지식백과] 4차 산업혁명 (시사
    상식사전, 박문각)
5   이규호(2010), 『저작권법-사례·해설』(진원사), 12쪽.
6   일반적으로 '인격권'은 명예권, 성명권, 초상권 등을 가리킨다.
    • 명예권 : 모든 국민은 사회적 명예를 침해당하지 않을 권리를 가지며,
      명예에 대한 침해는 형사상 범죄를 구성하게 된다. 형법 제310조에서
      는 "(명예훼손)행위가 진실한 사실로서 오로지 공공의 이익에 관한 때
      에는 처벌하지 아니한다."고 규정하고 있는데, 이는 인격권으로서의
      개인의 명예 보호와 헌법 제21조에 의한 정당한 표현의 자유 보장이라
      는 상충되는 두 법익의 조화를 꾀한 것으로 보인다.
    • 성명권 : 모든 국민은 성명권을 가지는데, 타인에 의하여 개인의 성명
      권이 남용된 경우에는 성명권의 침해로서, 이는 인격권의 침해가 된다.
    • 초상권 : 모든 국민은 초상권을 가지는데, 대법원 판례에 따르면 "사
      람은 누구나 자신의 얼굴 기타 사회통념상 특정인임을 식별할 수 있

는 신체적 특징에 관하여 함부로 촬영 또는 그림으로 묘사되거나 공표되지 아니하며 영리적으로 이용당하지 않을 권리를 가지는데, 이러한 초상권은 우리 헌법에 의하여 보장되는 권리이다."고 하였다. 따라서 당사자의 동의 없이 신문, 잡지, 팜플렛, 영화, TV, 각종 SNS 등이 초상사진을 게재하는 것은 인격권의 침해가 된다.

7   현행 저작권법에서는 저작인격권의 특성에 대해 먼저 "저작인격권은 저작자 일신에 전속한다"고 규정하면서 아울러 "저작자의 사망 후에 그의 저작물을 이용하는 자는 저작자가 생존하였더라면 그 저작인격권의 침해가 될 행위를 하여서는 아니 된다. 다만, 그 행위의 성질 및 정도에 비추어 사회통념상 그 저작자의 명예를 훼손하는 것이 아니라고 인정되는 경우에는 그러하지 아니하다."고 함으로써 명예의 존중이라는 측면에서 저작인격권의 영속성을 보장하고 있다.

8   안도현 엮음(2008), 『당신이라는 말 참 좋지요』(창비)

9   출전: 허수경(1992), 『혼자 가는 먼 집』(문학과지성사)

10 정호승(1997), 『사랑하다가 죽어버려라』(창작과비평사)

11 함민복(2003), 『눈물은 왜 짠가』(이레)

12 출전: 함민복(1996), 『모든 경계에는 꽃이 핀다』(창작과비평사)

13 '해산(解散)'이란 법인 또는 단체의 존립기간 만료, 법인 등의 목적 달성 또는 달성의 불능, 기타 정관에 정한 해산 사유의 발생, 파산 또는 설립 허가의 취소 등의 이유로 없어지는 것을 뜻한다.

14 방송(broadcasting)이란, "공중송신 중 공중이 동시에 수신하게 할 목적으로 음·영상 또는 음과 영상 등을 송신하는 것"을 말한다. 여기서 방송은 공연의 개념과 혼동될 우려가 있다는 점에 주의해야 하며, 무선통신에 의한 방송뿐만 아니라 유선통신에 의한 것까지도 모두 포함하는 개념이라는 점 또한 유념해야 한다. 또 방송사업자는 저작인접권으로서의 방송에 대한 권리의 주체를 말하는 것으로, 음반제작자와 마찬가지로 법인이나 단체도 포함된다. 이러한 방송사업자 역시 실연자, 음반제작자와 함께 저작인접권자가 된다.

15 전송이란 "공중송신 중 공중의 구성원이 개별적으로 선택한 시간과 장

소에서 접근할 수 있도록 저작물 등을 이용에 제공하는 것을 말하며, 그에 따라 이루어지는 송신을 포함"하는 개념이다. 웹사이트는 인터넷 이용자가 접근할 수 있도록 열어놓은 공간이고 이러한 공간에 콘텐츠(음악 등)를 올리는 행위가 대표적인 전송행위라고 할 수 있다.

16 공표권과 관련하여 저작권법에서는 "저작자가 공표되지 아니한 미술저작물·건축저작물 또는 사진저작물의 원본을 양도한 경우에는 그 상대방에게 저작물의 원본의 전시방식에 의한 공표를 동의한 것으로 추정한다."고 규정하고 있다.

17 저작재산권의 제한에 있어서 저작권법에서는 "미술저작물 등의 전시 또는 복제"에 대해 "미술저작물 등의 원본의 소유자나 그의 동의를 얻은 자는 그 저작물을 원본에 의하여 전시할 수 있다. 다만, 가로·공원·건축물의 외벽 그 밖에 공중에게 개방된 장소에 항시 전시하는 경우에는 그러하지 아니하다."고 규정하고 있다.

18 최초판매원칙이란 저작물의 배포를 허락할 수 있는 저작권자의 배타적 권리에도 불구하고 저작권자가 일단 특정 복제물의 판매에 동의한 경우에는 그 복제물에 대해서는 더 이상 저작권자의 배포권이 미치지 않는다(배포권이 소진된다)는 원칙을 말한다. 이러한 이유에서 이를 권리소진(exhaustion of rights) 원칙이라고도 한다. 임원선(2014), 『실무자를 위한 저작권법(제4판)』(한국저작권위원회), 214쪽.

4장. 인공지능[AI] 시대

1 김기태(2022), 「디지털 출판물 저작권 분쟁사례와 해결방안」, 《출판연구》 제29호(한국출판연구소) 참조.

2 HACHETTE BOOK GROUP, INC., et al., Plaintiffs v. INTERNET ARCHIVE, et al., Defendants, 2023 WL 2623787 United States District Court, S.D. New York (2023). 정진근(2023), 「뉴욕지방법원, 인터넷 아

카이브의 공개도서관 프로젝트는 저작권 침해책임이 있다고 판단」, 한국저작권보호원 〈해외 저작권 보호 동향〉(2023.6.27.) 참조.

3   소유한 도서의 수 대(對) 디지털 방식의 대여 비율(owned-to-loaned ratio)을 담보하는 방식의 라이선스. 인터넷 아카이브는 이러한 CDL에 따라 도서관이 보유하고 있는 종이책의 수 범위 내로 디지털 사본을 이용자에게 제공했고, 이용자가 다운로드한 디지털 사본은 DRM 기술을 적용하여 14일이 지나면 접근을 차단했다.

4   Authors Guild v. Google, Inc., 804 F.3d 202(2d Cir. 2015) 판결 참조

5   Sony Corp. of America v. Universal City Studios, Inc., 464 U.S. 417, 456 (1984)

5장.   법과 윤리

1   어느 누구도 권리자의 허락 없이는 저작물을 이용할 수 없다는 점에서 저작권을 배타적 권리라고 한다.

2   이는 법률상의 불이익을 부과하기 위해 필요한 주관적 요건, 곧 의사능력 또는 책임능력이 있고, 고의 또는 과실이 있어야 한다는 '귀책사유의 원칙'에 근거를 두고 있다.

3   강도죄와 손괴죄를 제외한 재산죄에 있어서는 친족간의 범죄의 경우 형을 면제하거나 고소가 있어야 공소를 제기할 수 있는 특례가 인정되고 있는데 이를 친족상도례라고 한다(형법 제328조, 제344조). 형법이 이러한 특례를 인정하는 것은 친족간의 내부의 일에는 국가권력이 간섭하지 않고 친족 내부에서 처리하는 것이 사건화하는 것보다 친족의 화평을 지키는 데 좋을 것이라는 취지에 따른 것이다.

4   검사가 특정범죄에 대한 피고인을 기소하여 그 형사 책임을 추궁하는 일.

5   따라서 공동저작물 등에서처럼 고소권자가 여럿인 경우에는 그 중 한 사람에 대한 고소 기간이 지났다고 하더라도 다른 사람에게 영향을 미치지

않으므로 각 권리자는 자기가 범인을 안 날로부터 6개월 내에 고소를 할 수 있다. 아울러 고소의 취소에 있어서도 개별적인 고소권이 인정됨에 따라 한 권리자의 고소 취소가 다른 사람의 고소까지 취소하는 효력을 갖는 것은 아니다.

6 필기체·필적·서법 등의 뜻으로, 좁게는 서예를 가리키고 넓게는 활자 이외의 서체(書體)를 뜻하는 말이다. 어원은 손으로 그린 그림문자라는 뜻이나, 조형상으로는 의미 전달의 수단이라는 문자의 본뜻을 떠나 유연하고 동적인 선, 글자 자체의 독특한 번짐, 살짝 스쳐가는 효과, 여백의 균형미 등 순수 조형의 관점에서 보는 것을 뜻한다. 한국이나 중국, 일본에서는 서예와 회화가 거의 구별되지 않은 상태에서 발달하였는데, 이슬람 문화권에서도 마찬가지였다. 서양에서는 실용적인 면에서 글씨체를 중시한 중세에 발달하다가 르네상스 이후 회화 분야에서 완전히 자취를 감추었으나, 20세기 들어 부활하였다. 외부 현실의 재현을 중요한 목표로 삼았던 사실주의가 19세기 말에 퇴조하면서 선이나 형태 자체의 아름다움이 재인식되었기 때문이었다. 1950년대의 P. 술라주, H. 아르퉁, J. 폴록 등 추상표현주의 화가들에게서 캘리그래피를 이용한 추상화가 성행하였다. 출처: 두산백과사전(두피디아).

7 김기태(2010), 『글쓰기에서의 표절과 저작권』(지식의날개), 117~119쪽 참조.

8 Hebrt S. Bailey(1970), The Art and Science of Book Publishing, Austin: University of Texas Press, p.195.

9 김기태(2010), 『글쓰기에서의 표절과 저작권』(지식의날개), 123~127쪽 참조.

10 김기태(2016), 『저작권: 카피라이트냐? 카피레프트냐?』(내인생의책), 114쪽.

저작권의 진화

국내 단행본 및 논문

김기태(2005), 『디지털 미디어 시대의 저작권』(도서출판 이채)

_____(2010), 『글쓰기에서의 표절과 저작권』(지식의날개)

_____(2014), 『동양 저작권 사상의 문화사적 배경 비교 연구: 한국·중국·일본의 근대 출판문화를 중심으로』(도서출판 이채)

_____(2016), 『저작권: 카피라이트냐? 카피레프트냐?』(내인생의책)

_____(2018), 『김기태의 저작권 수업』(맥스미디어)

_____(2020), 『소셜미디어 시대에 꼭 알아야 할 저작권』(동아엠앤비)

_____(2022), 「디지털 출판물 저작권 분쟁사례와 해결방안」, 《출판연구》 제29호(한국출판연구소)

남형두(2015), 『표절론』(현암사)

노병성(2008), 「아날로그와 디지털 텍스트의 독서 패러다임에 관한 고찰」, 《한국출판학연구》 제54호(한국출판학회)

방민호 외(2013), 『중학교 국어 4』(지학사)

안도현 엮음(2008), 『당신이라는 말 참 좋지요』(창비)

이규호(2010), 『저작권법-사례·해설』(진원사)

임원선(2014), 『실무자를 위한 저작권법(제4판)』(한국저작권위원회)

정진근(2023), 「뉴욕지방법원, 인터넷 아카이브의 공개도서관 프로젝트는 저작권 침해책임이 있다고 판단」, 한국저작권보호원 〈해외 저작권 보호 동향〉(2023.6.27.)

정호승(1997), 『사랑하다가 죽어버려라』(창작과비평사)

천정환(2003), 『근대의 책 읽기』(푸른역사)

특허법원 지적재산실무소송연구회 편(2006), 『지적재산소송실무: 특

허·실용신안·디자인·상표』(박영사)

함민복(1996), 『모든 경계에는 꽃이 핀다』(창작과비평사)

_____(2003), 『눈물은 왜 짠가』(이레)

허수경(1992), 『혼자 가는 먼 집』(문학과지성사)

번역서 및 외국 문헌

로제 샤르티에·굴리엘모 카발로 엮음, 이종삼 옮김(2006), 『읽는다는 것의 역사』(한국출판마케팅연구소)

리처드 포스너, 정해룡 옮김(2009), 『표절의 문화와 글쓰기의 윤리』(산지니)

유발 하라리, 조현욱 옮김(2015), 『사피엔스』(김영사)

_____, 김명주 옮김(2017), 『호모 데우스: 미래의 역사』(김영사)

이매뉴얼 월러스틴, 유희석 옮김(2007), 『지식의 불확실성』(창비)

Hebrt S. Bailey(1970), *The Art and Science of Book Publishing*, Austin: University of Texas Press.

著作權法百年史編纂委員會 編著(2000), 『著作權法百年史』(東京: 著作權情報センター)

인터넷 사이트

네이버 지식백과(https://terms.naver.com/)

대한인쇄문화협회(http://www.print.or.kr/)

두피디아(https://www.doopedia.co.kr/)

특허청(http://www.kipo.go.kr/)

저작권의 진화

기타 자료

국가과학기술인력개발원, 『학습윤리 가이드: 배우고 익히는 우리의 자세』, 2014.

《경향신문》 박송이 기자(입력 2025.07.12.), 「미 법원 "AI 학습, 저작권 침해 아냐" 잇단 판결…저작권 논쟁 새 국면 맞나」(https://www.khan.co.kr/article/202507120800001).

문화체육관광부·한국저작권위원회, 『생성형 인공지능 결과물에 의한 저작권 분쟁 예방 안내서』, 2025.06.

_____, 『생성형 인공지능 활용 저작물의 저작권 등록 안내서』, 2025.06.

USCO, Copyright Registration Guidance: Works Containing Matterial Generated by Artificial Intelligence, 2023.03.16.

_____, Copyright and Artificial Intelligence, Part 2: Copyrightability, 2025.01.29.